Andras Schwikel

Arabisch-islamische Philosophie

D1665337

Campus Studium

Geert Hendrich promovierte über arabisch-islamische Philosophie in der Moderne. Er ist wissenschaftlicher Mitarbeiter am Institut für Philosophie der TU Darmstadt.

Geert Hendrich

Arabisch-islamische Philosophie

Geschichte und Gegenwart

2., aktualisierte Auflage

Campus Verlag
Frankfurt/New York

Bibliografische Information der Deutschen Nationalbibliothek
Die Deutsche Nationalbibliothek verzeichnet diese Publikation in der Deutschen
Nationalbibliografie. Detaillierte bibliografische Daten sind im Internet unter
http://dnb.d-nb.de abrufbar.
ISBN 978-3-593-39402-2

Copyright © 2011 Campus Verlag GmbH, Frankfurt am Main
Umschlaggestaltung: Guido Klütsch, Köln
Satz: Marion Jordan, Frankfurt am Main
Druck und Bindung: Beltz Druckpartner, Hemsbach
Gedruckt auf Papier aus zertifizierten Rohstoffen (FSC/PEFC).
Printed in Germany

www.studium.campus.de

Inhalt

Einleitung

Das Erstaunlichste an der arabischen Philosophie ist für die Europäer immer noch, dass es sie gibt, spottete ein Journalist, als 1998 überall in Europa und der arabischen Welt Averroes-Kongresse und -Gedenkfeiern stattfanden. Für eine kleine Minderheit von Islamwissenschaftlern, Mediävisten und Philosophiehistorikern war Averroes, der 800 Jahre zuvor gestorbene arabische Denker, kein Unbekannter. Aber das journalistische Fazit traf den Kern einer allgemeinen Wahrnehmung: Philosophie gehört nicht zum anerkannten Fundus der arabisch-islamischen Kultur. Der palästinensische Literaturwissenschaftler Edward Said bemerkte einmal ironisch, dass »Harun al-Raschid, Sindbad, Alladin, Scheherazade und Saladin mehr oder weniger die vollständige Liste arabischer Personen [ausmachen], die moderne gebildete Europäer kennen.« (Said 1981, 13) Zum Bild vom märchenhaften und geheimnisvollen »Orient« trat seit dem Mittelalter das vom fanatischen und gewaltbereiten Islam. Dieses religiöse Feindbild ging im 19. und 20. Jahrhundert fast nahtlos in das vom »rückständigen« und »unaufgeklärten« Islam über. Dahinter verbirgt sich ein Grundproblem in der Wahrnehmung von Kultur, nämlich ihren Mitgliedern einen unwandelbaren Charakter und ein »Wesen« zuzuschreiben, das sie auf eine ganz bestimmte Seinsweise festlegt. »Ausgegangen wird von einer Anzahl naturgegebener wesentlicher Eigenschaften, die den unveränderlichen oder nur oberflächlich veränderbaren *homo islamicus* ausmachen«, schreibt der Philosoph Aziz al-Azmeh, und dieser Essentialismus verdankt sich vor allem »der Umkehrung der drei Hauptbestimmungen, die das bürgerlich-kapitalistische Zeitalter für sich selbst in Anspruch nimmt: Vernunft, Freiheit und Vervollkommnungsfähigkeit« (al-Azmeh 1996, 200). Übrig bleibt eine Kultur namens »Islam«, die nicht nur mit »unserer« Moderne inkompatibel ist, sondern nicht einmal über eine wahre Geschichte verfügt. Denn alles in ihr reduziert sich auf die quasi genetisch vorgegebenen Denk- und Handlungsmöglichkeiten des *homo islamicus*. Das Fehlen einer arabischen Aufklärung, eines islamischen Descartes oder arabischen Kant resultiert nicht aus einer spezifischen Geschichte, sondern wird als Ausdruck einer kulturellen Disposition der Subjekte gedeutet, in der Philosophie als Vernunftwissenschaft keinen Ort hat.

Betrachtet man den Islam als eine der Weltreligionen in seiner Entwicklung bis zur Gegenwart näher, so erweist sich bald seine Heterogenität. Weder in Theologie noch in der gelebten Religiosität der Alltagswelt kennzeichnete ihn je die Einheitlichkeit, die die westliche Wahrnehmung ihm zuschreibt und die islamistische Selbstbeschreibungen gerne hätten. Zumal man sehr schnell auf ein weiteres Problem des Begriffes »Islam« stößt: Er bezeichnet eben nicht nur eine Religion, sondern analog zu »Europa« oder dem »Westen« eine Kultur. Als Kulturbegriff umfasst er die vielfältigen Erscheinungen von Kultur, ihre Geschichte mit allen politischen, sozialen und ökonomischen Kontexten, und dies auch noch in seiner lokalen Vielfältigkeit. So kann die Bezeichnung als »islamische« oder »arabisch-islamische« Kultur nur als Chiffre begriffen werden für den Reichtum, aber auch für die Widersprüchlichkeit einer gelebten und lebendigen Kultur. Das gilt auch für die Philosophie in ihr.

Die europäischen Wissenschaften haben die Philosophie im Islam lange Zeit als Teil einer von der Religion des Islam und ihrer spezifischen Kultur geprägten Besonderheit betrachtet und nicht als Teil einer universalen Geschichte des philosophischen Denkens. Selbst heute findet dies seinen Ausdruck in der seltenen Behandlung der arabisch-islamischen Philosophie im akademischen Lehrbetrieb und der mangelnden Präsenz der philosophischen Klassiker des Islam in den Bibliotheken. Zumal die wissenschaftlichen Disziplinen eifersüchtig ihre spezifischen Kompetenzen betonen und dadurch die dringend erforderliche interdisziplinäre Arbeit erschweren. Erst in den letzten Jahren findet die arabisch-islamische Geistes- und Wissenschaftsgeschichte mehr Beachtung, vor allem in Zusammenhang mit der kritischen Sichtung und Erforschung der europäischen Selbstwahrnehmung und der Genese der Moderne. Dies schlägt sich in einer Zunahme wissenschaftlicher Fachpublikationen und einer

Reihe von Neuübersetzungen philosophischer Klassiker nieder. Defizitär bleibt immer noch die Wahrnehmung des Beitrags der arabisch-islamischen Philosophie zum philosophischen Gesamtdiskurs.

In der gesellschaftlichen Wahrnehmung fehlt ein verbreitetes Bewusstsein von den gemeinsamen Wurzeln und den vielfältigen Beziehungen zwischen der arabisch-islamischen und der europäischen Kultur. Nicht zu Unrecht kann man vom Islam als dem **»verdrängten dritten Erbe« der Europäer** neben dem griechisch-antiken und dem jüdisch-christlichen sprechen. Hatte das europäische Selbstbewusstsein diese Nähe schon immer geleugnet, steht heute die gefährliche Rhetorik vom »Kampf der Kulturen« (Huntington) im Vordergrund, die mit ihren irrationalen Feindbildern und ihrer verengten Weltsicht gerade die »Werte« von Aufklärung und Vernunft verleugnet, auf die sie sich so gerne beruft. Daran scheint auch die revolutionäre Demokratiebewegung von 2011 wenig zu ändern, die zum Zeitpunkt der Überarbeitung dieses Buches ihren Anfang nahm und deren Auswirkung und Bedeutung auf die arabisch-islamischen Länder enorm sein wird. Europa, »gelähmt und fehlgeleitet durch eine Islamphobie« (so der Soziologe Ulrich Beck) und gefangen in kurzfristigen ökonomischen und geostrategischen Interessen, unterschätzt dabei, dass sich durch die Ereignisse auch die Rolle verändern wird, die die arabisch-islamischen Länder innerhalb einer globalen Moderne spielen werden und wie bedeutsam gerade deshalb der Dialog über eine **gemeinsam geteilte Moderne** ist.

Das Anliegen dieses Buches ist es deshalb, in einen Aspekt des gemeinsamen Erbes als Teil einer gemeinsamen Gegenwart einzuführen: die arabisch-islamische Philosophie. Die Darstellung ist weitgehend chronologisch, ergänzt und erläutert durch die Behandlung historischer und kultureller Kontexte. So beginnt das Buch mit zwei Entstehungsbedingungen, die zum Verständnis der arabisch-islamischen Philosophie besonders wichtig sind (Kapitel 1): die Kontinuität der antiken Traditionen, in denen die »islamische« Kultur von ihren Anfängen an steht, und die Besonderheiten der neuen Weltreligion des Islam. Hier sind vor allem Anfänge und Entwicklung der islamischen Theologie in ihren Auswirkungen auf die Philosophie wichtig. Für die spätere Blüte der arabisch-islamischen Philosophie und für ihre Wirkung auf die europäische Kultur ebenso wichtig war die umfassende Übersetzung der antiken Autoren (Kapitel 2). Mit dem neunten Jahrhundert beginnt eine eigenständige, systematische Philosophie im Islam (Kapitel 3). Prägend für sie war der Einfluss des Neoplatonismus, der in diesem Kapitel erläutert wird. Er beeinflusste bereits den ersten der großen arabisch-islamischen Denker, al-Kindi, während der Arzt und Philosoph ar-Razi sich eher am antiken Atomismus orientierte und als Religionskritiker hervortrat. Den ersten Philosophen folgten die auch im mittelalterlichen Europa berühmten Denker des Neoplatonismus (Kapitel 4): Al-Farabi, dessen Staatsutopie von der »Musterstadt« eine ethisch-politische Synthese von rationaler Philosophie und geoffenbartem Glauben versuchte, und Ibn Sina (Avicenna), der Ähnliches in der Metaphysik anstrebte. Dies forderte Kritiker heraus, die auf dem Primat des Religiösen vor der Philosophie beharrten (Kapitel 5). Als ihr wichtigster Vertreter kann al-Ghazali gelten, der zugleich selbst als kreativer Denker hervortrat, etwa hinsichtlich der Behandlung des Kausalitätsproblems.

Auch die Philosophie des arabischen Spaniens brachte bedeutende Vertreter hervor (Kapitel 6): Ibn Badjdja und Ibn Tufayl mit seinem philosophischen Entwicklungsroman, dessen Wirkung bis in europäische Aufklärung reicht. Der berühmteste Vertreter aber war zweifellos Ibn Ruschd (Averroes). Seine eher der aristotelischen Tradition als dem Neoplatonismus zugewandte Philosophie vertrat die Superiorität der Vernunft gegenüber dem Glauben. Sein eindrucksvolles philosophisches System beeinflusste das europäische Denken vor allem im Mittelalter maßgeblich. Dagegen blieb er innerhalb der arabisch-islamischen Welt bis zur Moderne nahezu unbeachtet. Dafür waren nicht zuletzt gewandelte gesellschaftliche Kontexte (Kapitel 7) verantwortlich, die sowohl zu einer Stärkung orthodoxer Theologie als auch zum Aufblühen mystischer Strömungen im Islam führten. Beides schwächte den Einfluss und die Qualität der Philosophie. Zur gleichen Zeit erreichte der Einfluss der arabisch-islamischen Kultur auf Europa (Kapitel 8) seinen Höhepunkt. Zwischen dem 8. und 14. Jahrhundert war die arabisch-islamische Kultur der europäischen hinsichtlich ihrer Wissenskultur, ihrer technologischen und zivilisatorischen Standards weit überlegen und stieß in Europa entsprechende Entwicklungen an, die schnell an Eigendynamik gewannen. Dagegen fehlen der islamischen Philosophie zwischen dem 14. und dem 19.

Jahrhundert (Kapitel 9) die großen Namen, auch wenn mit Ibn Khaldun und Mulla Sadra zumindest zwei Vertreter herausragen.

In der Neuzeit kehrt sich das Verhältnis zwischen Europa und islamischer Welt um: Die europäische »Moderne« wird zur Weltkultur. Alle anderen Kulturen sind seitdem gezwungen, sich mit der Hegemonie des »Westens« in ihren vielfältigen Erscheinungsformen auseinander zu setzen. Die Frage nach der Entwicklung, den Fehlern und Chancen der Moderne bestimmt die Gegenwartsdebatten (Kapitel 10), und insofern teilt auch die aktuelle Philosophie in der arabisch-islamischen Welt erneut Themen und Thesen mit der westlichen. Neben der gemeinsamen Geschichte gibt es also auch eine gemeinsame Gegenwart, die eher durch die Rede von den angeblich unüberwindbaren kulturellen Unterschieden geleugnet wird als durch die Spezifik von Wahrnehmungen und Werturteilen. Die gemeinsame Geschichte Europas und der arabisch-islamischen Welt zeigt ja gerade, wie auch aus gemeinsamen Wurzeln eigenständige Entwicklungen entstehen können. Die Gegenwartsphilosophie der arabisch-islamischen Welt wird im Westen leider kaum wahrgenommen. Dabei können gerade ihre Beiträge als **Teil eines universalen Diskurses über die Moderne**, die wir alle teilen, begriffen werden. Eine längst fällige Auseinandersetzung mit der außereuropäischen Philosophie erleichtert nämlich nicht nur das Begreifen ihrer spezifischen Fragestellungen und die Pluralität ihrer Positionen, sondern auch einen kritischen Rekurs auf die Selbstwahrnehmungen der »westlichen« Philosophie und Gesellschaft.

Das vorliegende Buch möchte in die »klassische« wie die moderne Philosophie der arabisch-islamischen Kultur einführen. Es ist deshalb um Allgemeinverständlichkeit bemüht und nimmt dafür zwei Nachteile in Kauf: Angesichts einer gigantischen Stofffülle müssen Namen ungenannt, Details unbehandelt bleiben, und manches kann nur kurz und knapp besprochen werden. Außerdem folgt die **Schreibweise arabischer Begriffe und Eigennamen** nicht der üblichen Transkription der Arabistik, sondern ist zugunsten der Aussprache lesefreundlich angepasst. Trotzdem muss auf einige Besonderheiten der Aussprache hingewiesen werden: Das »th« in arabischen Wörtern ist wie ein englisches »th« zu sprechen. Die Buchstabenfolge »gh« entspricht einem weichen, nicht gerollten Zäpfchen-r. Das Auftauchen eines Apostroph (') zu Beginn oder in einem Wort zeigt einen Stimmabsatz wie bei einer Silbentrennung an und kann zudem vereinfachend für den in europäischen Sprachen völlig unbekannten arabischen Buchstaben »ain« stehen, einem »Kehlpresslaut«. Es sei außerdem noch darauf hingewiesen, dass der arabische Artikel »al-« sich manchmal den nachfolgenden Buchstaben in der Aussprache anpasst, also zum Beispiel zu einem »asch-« oder »at-« wird (»ar-Razi« statt »al-Razi«).

1 Die Anfänge der arabisch-islamischen Philosophie

Von einer Philosophie im engeren Sinne können wir in der islamischen Kultur seit dem 9. Jahrhundert christlicher Zeitrechnung[1] sprechen. Doch das bedeutet nur, dass aus dieser Zeit die ersten Texte vorliegen, die einen eindeutig philosophischen Inhalt haben und ein entsprechendes Erkenntnisinteresse ihrer Autoren vermuten lassen. Aber Philosophie ist weder real- noch geistesgeschichtlich ein isoliertes Ereignis, sondern vollzieht sich immer in Traditionen und Kontexten. Die arabisch-islamische Philosophie steht dabei in zwei Beziehungsfeldern, die für ihr Verständnis wichtig sind: ihre Einbettung in einen Kulturraum, in dem die Traditionslinien der Antike nie völlig abgebrochen waren, und ihre Formierung unter den Bedingungen der neu entstandenen Weltreligion des Islam und der arabisch-islamischen Reiche, aus denen sich die neue »islamische« Kultur entwickelte.

Nordafrika und der gesamte Vordere Orient einschließlich Persiens verband in der Antike, bei aller Unterschiedlichkeit im Detail, die Zugehörigkeit zur hellenistischen Kultur. Dazu gehörten Kulturtraditionen, Religion und Riten, Handelsbeziehungen und vor allem das Griechische als Sprache der Gebildeten und Eliten, einschließlich der literarischen, wissenschaftlichen und philosophischen Traditionen. An der Kultur des Hellenismus waren zahlreiche Völkerschaften beteiligt und bereicherten sie um ihre jeweils eigenen Elemente oder transformierten diese wiederum unter griechisch-hellenistischem Einfluss. Zurecht hat man in diesem Zusammenhang von einer **»Fu-**

---

1 Im Folgenden richten sich alle Zeitangaben nach der »christlichen« Zeitrechnung. Die islamische, Hidjra (Auszug) genannt, beginnt 622 n. Chr. mit dem Auszug Muhammads aus Mekka. Da die Hidjra aber dem Mondkalender folgt, ist eine Umrechnung schwierig und verwirrend.

sion der Kulturen« gesprochen, zu der auch die arabischen Völkerschaften gehörten. Die Umwandlung der lokalen yemenitischen
Gottheiten in griechisch-hellenistische legen davon ebenso Zeugnis
ab wie die beeindruckende hellenistische Architektur, die wir in den
großen Ruinenstädten wie Petra (Jordanien) oder Tadmur/Palmyra
(Syrien), die jeweils eine arabische Bevölkerung hatten, bewundern
können. Die allmähliche Auflösung der römischen Zentralgewalt am
Ende der Antike bedeutete nun keineswegs, dass diese Traditionen
und Verbindungen abbrachen. Die hellenistische Kultur existierte
unter den Byzantinern und den persischen Sasaniden, die um das
römische Erbe erbittert stritten, weiter. Geändert hatten sich aber die
politischen, sozialen und religiösen Bindungskräfte. Die Kämpfe um
politische Vorherrschaft, das Wegbrechen traditioneller Handelsver-
bindungen zum Mittelmeerraum und völkerwanderungsähnliche
Bewegungen im gesamten Vorderen Orient und Nordafrikas destabilisierten die nachantiken Gesellschaften und erzeugten das Gefühl
einer umfassenden Krise. Das Fehlen politischer Legitimation der
Herrschenden, soziale Desintegration und sich auflösende kulturelle
Identitäten bildeten die Grundlage für die Aufnahmebereitschaft für
neue Heilsbotschaften.

Die Krise der sozialen und politischen Wirklichkeit nach der Antike spiegelte sich durchaus in der Vielfältigkeit der religiösen Kulte.
Neben dem antiken Pantheon standen Stammesgottheiten, alte Religionen wie das Judentum und neue wie das Christentum in seinen
vielfältigen Erscheinungsformen und Sekten. Mit der Verkündung
des Islam durch den Propheten Muhammad (ca. 570–632) trat eine
neue Religion auf.[2] Der Islam richtete sich als eine spezifische Offenbarung ursprünglich an die Araber, breitete sich im Gefolge der arabischen Eroberungen aber rasch über den gesamten ehemals hellenistischen Kulturraum südlich des Mittelmeeres aus. Weil der Islam
als neue Religion überhaupt erst Dogmatik und Theologie entwickeln
musste, gelangten vielfältige inhaltliche und systematische Einflüsse
der vorgefundenen Kulturen und Religionen in den Islam. Außerdem
bestand die Notwendigkeit, die Religion der Araber in eine univer-

---

2   Entstehung, Entwicklung und zentrale Glaubensinhalte des Islam können im
     Zusammenhang dieses Buches nicht erläutert werden. Aus der Fülle der Literatur
     zu diesem Thema sei verwiesen auf Endreß 1991 und Hourani 1991.

selle Botschaft zu transformieren. Und noch eine weitere Schwierigkeit ergab sich aus den Entstehungsbedingungen: Als charismatischer Führer von Stämmen der arabischen Halbinsel war Muhammad nicht nur der Prophet einer Religion, sondern auch der politische Führer der neuen Glaubensgemeinschaft, der Umma.

Die Umma, die Gemeinschaft der Gläubigen, kann als ein »zweiseitiges Wesen« (Bernard Lewis) begriffen werden: Sie war eine religiöse und eine politische Gemeinschaft. Für alle Nachfolger des Propheten Muhammad galt, dass die Legitimation politischer Herrschaft an die religiöse Botschaft des Islam geknüpft war, sodass niemand die Führung der Umma übernehmen konnte, ohne sie als religiöse Einheit, eben als »Gemeinschaft der Gläubigen« zu verstehen und – zumindest dem Anspruch nach – als solche zu führen. Wer »Chalifa« (Nachfolger) des Propheten als Führer der Umma sein wollte, berief sich auf die religiöse Botschaft und den Gotteswillen als Legitimationsgeber.

Zugleich aber waren die realen gesellschaftlichen Widersprüche, zum Beispiel zwischen den reichen Kaufleuten Mekkas und den armen Beduinen oder zwischen unterschiedlichen Volksgruppen im neu entstehenden islamischen Weltreich, durch die bloße Deklaration der Umma nicht beseitigt. Es entbrannte ein erbitterter Streit darüber, welche Weise des Regierens mit der Botschaft des Islam vereinbar sei, wie also Herrschaft überhaupt »islamisch« legitimiert werden sollte. Diese politischen und sozialen Auseinandersetzungen fanden ihre Spiegelung in den theologischen Debatten der Zeit.

Ein weiteres Problem der jungen Religion lag in ihrer spezifischen Form als »Buchreligion«. Während das Christentum sich nicht nur auf Offenbarungstexte bezog, sondern durch das Entstehen der Kirche eine Mittlerinstanz zwischen den Gläubigen und ihrem Gott aufwies, fehlt eine solche Institution im Islam. Für die Christen lag die Interpretation der göttlichen Botschaft also in den Händen einer Autorität, die überdies auch nur von dieser gelesen werden konnte (zumindest weitgehend). Die Muslime waren jeweils als einzelne Gläubige darauf verwiesen, die Botschaft ihres Gottes zu verstehen (was, nebenbei, die Alphabetisierung beschleunigte). Ein weiterer Unterschied war die historisch-gesellschaftliche Ausgangslage. Während das Christentum seinen Siegeszug im römischen Reich, also in einem halbwegs festgefügten Rechtssystem begann, entstand der

Islam in einer Stammeskultur, die über kein kodifiziertes Recht und kaum institutionalisiertes Rechtswesen verfügte. So wird verständlich, dass der Koran als »Heiliges Buch« eben auch praktische und **rechtliche Regelungen** beinhaltet. Diese wiederum bezogen sich aber auf die gesellschaftliche Realität der Zeit des Propheten Muhammad; je mehr diese zur Geschichte wurde und die gesellschaftlichen Kontexte und Probleme sich änderten, um so weniger konkret und handlungsanleitend wurden Regeln und Vorschriften des Korans. Die Reaktion der muslimischen Gemeinde darauf war die Bereitschaft, auf der Grundlage der heiligen Texte (Koran und Hadithe) durch Analogieschluss (arab. »qiyas«) und Übereinstimmung (arab. »idjma'«) zu praktischen Lösungen zu kommen. Diese sich auf die Offenbarung stützende islamische Rechtspraxis wird als »Scharia« bezeichnet (arabisch für »Weg zur Quelle«) und ist in der westlichen Wahrnehmung ganz besonders negativ besetzt und angstauslösend. Tatsächlich existierte niemals ein kodifiziertes islamisches Recht namens »Scharia«, sondern vielmehr eine vielfältige, sich stetig verändernde Rechtspraxis, die in unterschiedlichen Rechtsschulen ihre praktische Relevanz erfuhr. Diese Verfahrungsweise blieb bis weit ins 19. Jahrhundert erhalten. Dagegen ist der Verlust der »**traditionellen Ambiguitätstoleranz**« vor allem ein Modernisierungsphänomen, wie der Islamwissenschaftler Thomas Bauer herausgearbeitet hat (vgl. Bauer 2010). Wenn heute in der islamischen Welt die »Wiedereinführung der Scharia« als politische Forderung erhoben wird, dann heißt das im Sinne eines traditionellen Islam eigentlich wenig mehr als die Forderung nach einer offenen und freien Debatte über Rechtsnormen, die sich ethisch am Offenbarungstext orientiert. Tatsächlich meinen die islamistischen Forderungen gerade dies aber nicht: Ihnen geht es um einen »modernen« Rechtsbegriff, der sich formal an die Vorbildern eines einheitlichen, kodifizierten Rechts nach westlichem Vorbild hält, aber inhaltlich in eine »Durchreglementierung des Alltags« mündet, deren Rigorismus »gar nicht im Koran angelegt ist« (Abu Zaid 2008, 180). Dahinter stehen Phänomene der Moderne: Die »neue Unübersichtlichkeit« (Habermas) der modernen Lebenswelt, die bei vielen das Bedürfnis nach festen und übersichtlichen Regeln weckt; der Zwang, in einer immer stärker selbst verantworteten Normativität moralische wie lebenspraktische Entscheidungen treffen zu müssen, und dabei im Konflikt zwischen überkommenen Werten und Strukturen und neuen Anforderungen zu stehen; und schließlich sicherlich auch die Bereitschaft islamistischer Propagandisten, durch die Bedienung autoritärer und chauvinistischer Einstellungen selbst zu Einfluss und Macht zu gelangen.

Sowohl die »traditionellen Ambiguitätstoleranz« als auch der Versuch, diese im Gefolge der Moderne gerade durch eine funktionale Eindeutigkeit zu ersetzen, trifft auch auf die Wahrnehmung und die Auslegung der Offenbarungstexte selbst zu. Der **Koran** als die alleinige Grundlage des Glaubens war selbst ein Produkt der Geschichte: »Das erste, vom Kalifen Uthman (644–656, G.H.) in Auftrag gegebene Koranmanuskript war im Grunde ein nicht lesbarer Text, eher eine Notation, die beim Rezitieren der Verse als Gedächtnisstützte diente« (Abu Zaid 2008, 75), vor allem, weil er eine reine Konsonantenschrift ohne jegliche Vokalisierung war. Schon zu Lebzeiten des Propheten aufgezeichnete Verse und spätere Teilkompilationen flossen darin ein, während andere vernichtet oder verändert wurden. »Diese Sammlung wurde als abgeschlossen und der niedergeschriebene Text als nicht veränderbar erklärt und genau dieser Prozess von Auswahl und Vernichtung berechtigt uns, von einem *Geschlossenen Offiziellen Korpus* zu sprechen.« (Arkoun 1999, 74) Danach erfuhr er eine wesentliche Veränderung durch die nachträgliche Einführung von Vokalzeichen, die als »Lesehilfen« dienten, zugleich aber durchaus den Sinn von Worten und damit ganzen Textstellen verändern konnten. Deshalb ging »die klassische Lehre von den Koranlesarten […] davon aus, dass der Koran in einer großen Zahl verschiedener Lesarten von Gott offenbart wurde. Der Koran ist also sozusagen mitsamt seinem Variantenapparat göttlicher Text.« (Bauer 2010, 7) Die heute, selbst unter liberalen Muslimen vertretene Auffassung, es gäbe nur eine Form der Lesart (wobei es de facto Dutzende gibt, die alle jeweils Exklusivität beanspruchen), gehört so wenig zum »klassischen« Islam, wie die Propagierung eines einheitlichen islamischen Rechts namens »Scharia«: »Varianten passen offensichtlich nicht zu einer modernen, ideologisch konsistenten Religion.« (ebd. 8) Gerade durch die inhaltliche Uneindeutigkeit und die Historizität der Verschriftlichung aber tauchen bereits zu Beginn des Islam und lange vor den ersten Philosophen der arabisch-islamischen Kultur philosophische Themen in den theologischen Debatten auf: über das Verhältnis von Glauben und Wissen, von menschlicher Vernunft im Verhältnis zu den Offenbarungstexten, über Vorherbestimmung und Gottes Gerechtigkeit, über die Ewigkeit oder Geschaffenheit der Schöpfung und des Gotteswortes, wie es im Koran und in den Hadithen, der Sammlung von Aussagen und Taten des Propheten Muhammad und seiner Weggefährten, festgelegt ist. Alle diese Fragen ließen sich nicht diskutieren ohne systematisch-methodische Kenntnisse, etwa von Logik. Und alle diese Fragen waren bereits im Kontext antiker Philosophie und anderer Religionen, etwa von Judentum und Christentum, behandelt worden und beeinflussten jetzt die frühe islamische Theologie.

Kalam – die spekulative Theologie im Islam

Neben den ohnehin vorhandenen philosophisch-wissenschaftlichen Traditionen der hellenistischen Kultur stand also ausgerechnet die Theologie Pate bei der Entwicklung einer eigenständigen Philosophie in der arabisch-islamischen Kultur. Diese Theologie war wiederum eine Reaktion auf reale politische und soziale Probleme innerhalb der Umma. Die theologischen »Sekten«, die so entstanden, spiegelten also einmal die soziale und politische Wirklichkeit der islamischen Frühzeit. Sie sorgten zweitens thematisch wie methodisch für das Einfließen von Philosophie in die Theologie und bereiteten überdies drittens einer Verselbstständigung philosophischer Spekulation den Boden. Entsprechend fanden auch theologische Fragestellungen innerhalb der späteren Philosophie ihre Fortsetzung, etwa hinsichtlich von Prädestination oder der Ewigkeit der Welt. Die theologische Scholastik im Islam bezeichnet man als **Kalam** (von arabisch für »Rede«), die Vertreter des Kalam als Mutakallimun, also im strengen Sinn eigentlich »die, die immerfort reden«. Ursprünglich ein Spottname, wurden sowohl Kalam wie Mutakallimun im Verlauf der islamischen Geistesgeschichte zu allgemein akzeptierten, neutralen Begriffen für eine rationalistische, spekulative Theologie und ihre Vertreter. Der Kalam der Frühzeit war geprägt von einer großen Offenheit und Diskussionsbereitschaft, nicht zuletzt deshalb, weil die junge Religion auf

Anregungen und Informationen aus unterschiedlichsten Quellen angewiesen war. Von hier aus befruchtete der Kalam die spätere Philosophie sowohl methodisch wie thematisch, während umgekehrt im Laufe der Jahrhunderte vor allem philosophische Methodik in die Theologie des Islam einfloss. Doch zeichnete sich der spätere Kalam eher durch die Vorherrschaft orthodoxer, traditionalistischer Interpretation und ihrer Repräsentanten aus. Auch wenn die freie Erörterung theologischer Fragen unter Einbeziehung philosophischer Spekulation nie gänzlich aufhörte, so steht der Kalam seit spätestens dem 11. Jahrhundert sehr viel stärker in Gegnerschaft zur Philosophie und zum griechischen Erbe in ihr als in den Jahrhunderten zuvor.

Die wichtigste Gruppe innerhalb der Mutakallimun, die durch die Rezeption griechischen Denkens sowohl die Theologie der Muslime wie Entwicklung ihrer Philosophie beförderten, war die **Mu'tazila**. Sie entstand bereits im späten 7. Jahrhundert, hatte ihre Blütezeit aber in den ersten hundert Jahren nach dem Machtantritt der Abbasiden im Jahr 750. Die Mu'taziliten bezogen sich auf die älteren »Sekten« der Qadariten, der Djabiriten und der Murdj'iten[3], die jeweils unterschiedliche Auffassungen über das Verhältnis von Gottes Allmacht und Gerechtigkeit und der Vorherbestimmung hatten und daraus Folgerungen über die Verantwortung der Gläubigen und ihre Willensfreiheit zogen. So lehnten z.B. die Qadariten die Prädestinationslehre ab und betonten demgegenüber die menschliche Willensfreiheit. Dies hatte auch eine bedeutsame politische Konsequenz, denn damit wurde auch jede Herrschaftsbegründung durch Schicksal bzw. Gotteswille abgelehnt. Trat in diesem Punkt die Mu'tazila das Erbe der Qadariten an, so stellt sie in gewisser Weise doch einen Bruch mit allen bisherigen »Sekten« oder »Schulen« im Islam dar. Bisher war – gleich welche, und sei es noch so radikale Position die Theologen jeweils eingenommen hatten – immer von der Einheit von Glauben und Wissen ausgegangen worden. Die Mu'tazilla kündigte diesen Konsens auf, nicht indem sie die Wahrheit des Glaubens anzweifelte, sondern indem sie die Eigenständigkeit der Vernunft betonte, um sich die Wahrheiten des Glaubens auch rational erschlie-

---

3   Auch die frühe islamische Theologie kann hier leider nicht eingehend behandelt werden. Die beste Darstellung ist immer noch: Watt/Marmura 1985.

ßen zu können. Dies hatte zwei entscheidende Konsequenzen. Ging man davon aus, dass die Wahrheit der göttlichen Botschaft rational beweisbar war, dann war der menschliche Verstand und nicht mehr ein heiliger Text der letzte Richter in allen Fragen. Die Mu'tazila entfernte sich also von der Schriftgläubigkeit, die bisher die islamische Theologie (übrigens genau wie die christliche) bestimmt hatte. Die andere Konsequenz war, dass man von einer Welt ausging, die Gott, der höchste Vernunft war, auch vernünftig geschaffen und geordnet hatte. Dies bedeutete, dass man jede Unstimmigkeit im Glauben, die man mittels der Vernunft entdeckte, als nicht von Gott stammend und damit nicht zum »wahren« Glauben gehörig ansehen konnte. Was also widersprüchlich oder gar widersinnig in der Religion war, gehörte nicht zur »wahren« göttlichen Botschaft, auch wenn man es bisher vielleicht gerade als ihren spirituellen Gehalt, der sich der Vernunft entzog, gedeutet hatte.

Es ist oft zu lesen, die Doktrin der Mu'tazila seien einer rationalistischen Philosophie entlehnt und liefen damit auf eine Relativierung der Gültigkeit religiöser Überzeugungen im Islam hinaus oder sie seien sogar Vorläufer einer Religionskritik. In Wahrheit waren die Mu'taziliten strenggläubige Muslime, die weder Muhammad als »Siegel der Propheten« (also als letzten Propheten Gottes) noch den Koran als Gotteswort in Frage stellten. Aber ihre theologischen Überzeugungen waren mit dem Ziel der Widerspruchsfreiheit gerade auch in Glaubensfragen formuliert, und dementsprechend unterschied die Mu'tazila sich deutlich von der orthodoxen Theologie, mit der sie im Dauerkonflikt stand.

So waren die Mu'taziliten etwa davon überzeugt, dass Gottes Gerechtigkeit die Willensfreiheit des Menschen mit einschloss. Aus diesem »Prinzip der Gerechtigkeit« ergab sich aber folgerichtig, dass Gottes Allmacht durch die Willensfreiheit des Menschen zumindest im Diesseits relativiert wurde, und die Willensfreiheit wiederum bedeutete, dass nun die menschliche Vernunft die einzige weltliche Richterinstanz war. Das »Prinzip der Gerechtigkeit« war also der Ausgangspunkt für eine Reihe von scholastischen Denkfiguren, die ihrerseits das Misstrauen der orthodoxen Gelehrten hervorrief. Auch waren sie eine Ursache für den antiintellektualistischen Spott, der über die mu'tazilitischen Theologen in der islamischen Welt verbreitet wurde, ähnlich dem, den sich die christlichen Scholastiker des Mittelalters ausgesetzt sahen. Aber es war solch spekulatives Denken, das eine nachhaltige Wirkung auf die Philosophie im Islam wie im Christentum hatte und das Interesse an griechischer Philosophie in ihren Originaltexten förderte. Zugleich verselbstständigte sich hier philosophisches Denken aus den Wurzeln theologischer Spekulation.

Das »Prinzip der Gerechtigkeit« führte zu Konsequenzen für die Ethik, nämlich zu Implikation des Könnens in das Sollen oder des Vermögens zum richtigen Handeln in die Pflichtenlehre. Es ist ein schönes Beispiel für die Weiterentwicklung eines theologischen Problems zur philosophischen Spekulation in der arabisch-islamischen Kultur, ohne dass hier Mutmaßungen über den Einfluss griechischen Denkens notwendig wären. Die Mu'taziliten waren sich einig, dass Gott keine Strafen über die Menschen verhängen würde, wenn er ihr Handeln vorherbestimmt hätte oder umgekehrt: Die Drohung mit den Höllenqualen war nur dann gerecht, wenn der Mensch zuvor tatsächlich frei nach seinem Willen über sein Handeln entscheiden konnte. Daraus folgte aber auch, dass Gott den Menschen nur solche Pflichten auferlegte, die sie erfüllen können, wenn sie die Einsicht dazu haben. Der berühmte mu'tazilitische Schriftsteller al-Djahiz (gest. um 869) überliefert einen Satz des Theologen Mu'ammar (gest. um 830): »Man muss die Entdeckung des Menschen durch sich selbst vor die Entdeckung von etwas anderem stellen.« (Zit. nach Pellat 1967, 55) Nach diesem Verständnis steht vor der Erörterung der Gebote die Erörterung der Möglichkeiten des Menschen überhaupt. Ein Sollen zu beschreiben, heißt die Prinzipien der Vernunft in Beziehung zu setzen zu den Gründen für ein Sollen, die in der Erfahrungswelt des Menschen vorkommen, und ihn dann zu einem Urteil über ein Sollen zu nötigen. In dem vernünftigen Schluss, etwas tun zu sollen, ist dann das Können impliziert. Dies kommt der kantischen Formel des »Sollte impliziert Kann« schon recht nahe.[4] Das »leidenschaftliche Bemühen um die Klärung des Verhältnisses von Glauben und Wissen, von Offenbarung und rationaler Wahr-

---

4 Was der Mensch »auf den Geheiß seiner moralisch-gebietenden Vernunft will, das soll er, folglich kann er es auch tun (denn das Unmögliche wird ihm die Vernunft nicht gebieten)«. Immanuel Kant, *Anthropologie in pragmatischer Hinsicht*, 1. Teil § 12

heits- und Werterkenntnis« (Endreß 1991, 60) wirkte so auf die Philosophie zurück. Die Mu'tazila ist also für die Philosophie im Islam sogar bedeutender als für die Theologie, in der sie weniger Spuren hinterließ und von der Orthodoxie überlagert wurde. Für kurze Zeit zu Beginn des 9. Jahrhunderts von den abbasidischen Kalifen zu einer Art Staatsdoktrin erhoben, verlor die Mu'tazila zur Mitte des Jahrhunderts zunehmend an Einfluss und sah sich später sogar massiven Verfolgungen durch die orthodoxe Theologie ausgesetzt.

Die spätere Philosophie hat ihrerseits von den Debatten der mu'tazilitischen Theologen profitiert. Um sich gegen den Vorwurf zu schützen, die Leugnung der göttlichen Vorherbestimmung wäre zugleich eine Leugnung der göttlichen Allmacht und deshalb ein Abfall vom Glauben, interpretierte al-Farabi die Prädestination im Sinne einer von Gott geschaffenen Weltordnung: »Der Mensch selbst kann kein Werk in irgend einer Weise beginnen, es sei denn auf Grund von Ursachen aus der Außenwelt. Diese beruhen auf der Anordnung Gottes, [...] dem Ratschlusse, der von dem *logos* entsandt wird; denn jedes Ding besteht durch Vorherbestimmung.« (al-Farabi 1906, 30f) Prädestination verwandelt sich also bei al-Farabi zu Chiffren, die von der Weltordnung künden. Da diese von Gott geschaffen ist und als allgemeines System von Ursachen und Wirkungen den Menschen in sich einschließt, liegt die Vorherbestimmung menschlichen Handelns nicht im einzelnen Handlungsakt, sondern in seiner Zugehörigkeit zur Gottesordnung, in welcher allein sich sein Handeln vollziehen kann. Ziel des Menschen muss es dann sein, diese Ordnung mittels der Vernunft zu durchschauen.

Bei Ibn Sina (Avicenna) ist die Argumentation noch mehr vereinfacht: Die wirkenden Prinzipien der Weltordnung verweisen »auf den göttlichen Ratschluss und den logos« (Ibn Sina 1960, 618). Die Schicksalsbestimmung durch Gott liegt also darin, dass sich niemand der göttlichen (Natur-)Ordnung entziehen kann. Für den schärfsten philosophischen Kritiker von Ibn Sina, für al-Ghazali, bedeutet ein solcher Gedankengang bereits Apostasie. Dies wird vor allem dann verständlich, wenn man bedenkt, was die von al-Farabi und Ibn Sina vertretene Auffassung tatsächlich bedeutet: Selbst wenn der *logos* im Sinne einer Weltordnung auf Gottes Befehl zurückgeht, wäre er doch fürderhin an seinen eigenen Befehl gebunden. Gott steht dann unter

dem Zwang der Naturgesetze und Wirkprinzipien, die er selbst geschaffen hat. Damit ist ein Prinzip in das Denken eingeführt, das
unabhängig von Gottes Willen gedacht werden kann, auch wenn die
arabisch-islamischen Philosophen es explizit nicht so formulierten.
Stattdessen vertraten sie ganz folgerichtig die mu'tazilitische These,
dass Gott zwar die Welt in ihrer Gesamtheit kenne, nicht aber die
einzelnen Gegenstände und dem entsprechend auch nicht die einzelnen Handlungsakte der Menschen.

Die philosophische Position zum Qadar hat später Ibn Ruschd
(Averroes) nochmals zusammengefasst: »Das Wissen Gottes von
diesen Ursachen und von dem, was aus ihnen folgt, ist der Grund für
das Dasein dieser Ursachen. Deshalb umfasst niemand außer Gott
allein die Erkenntnis dieser Ursachen und deshalb ist auch er allein
derjenige, der wahrhaft um das Verborgene weiß.« (Ibn Ruschd 2010,
al-Kashf 189) Das stärkste Argument für die Willensfreiheit aber ist –
vielleicht typisch für Ibn Ruschd – die Vergeblichkeit aller Verstan-
destätigkeit, wenn es eine Vorsehung im sunnitischen Verständnis
gäbe (vgl. ebd. 187).

Aus dem Einfluss der mu'tazilitischen rationalistischen Theologie
auf die nachfolgende Philosophie haben manche Wissenschaftler den
Schluss gezogen, der Beginn der arabisch-islamischen Philosophie
müsse deutlich zurückdatiert werden (Qadir, Wolfson). Selbst wenn
man dies wegen des beschränkten Themenfeldes und der fehlenden
Historizität und Systematik bestreitet, wirkt die Mu'tazila bis heute
nach. Vielen Philosophen und Kritikern eines doktrinären Islamverständnisses gilt sie nämlich als Beispiel dafür, wie früh Thesen von
der Geschaffenheit und Interpretierbarkeit des Korans, von diskursi-
ver Vernunft und der Selbstbestimmung des Subjekts ganz eigenständig und nicht als westlicher »Import« zur islamischen Kultur
gehörten. Dabei geht es Denkern wie Abu Zaid, al-Azm, Arkoun,
Adonis, Zakariya und Tarabischi weniger um eine genaue wissenschaftliche Würdigung der Mu'tazila als vielmehr um die Widerlegung
der islamistischen und nationalistischen These, dass Kerngedanken
von Moderne dem Islam wesensfremd und mit seiner unveränderlichen, quasi außerzeitlichen Substanz unvereinbar seien. In diesem
Sinne als Teil einer genuinen Aufklärung im Islam begriffen, sieht der
marokkanische Philosoph al-Djabri den Versuch einer Versöhnung

von Vernunft und Glaube: »Die Mu'tazila hat diese Frage als erste mit ihrem Credo aufgebracht, die Vernunft vor die überlieferten Gegebenheiten zu stellen.« (Djabri 2009)

2 Die Kultur der klassischen Epoche und das Zeitalter der Übersetzungen

Folgen wir einer chronologischen Darstellung, dann sind die theologischen Schulen und »Sekten«, von denen bisher die Rede war, vor allem ein Phänomen des sich formierenden Islam als Weltreligion nach Muhammads Tod (632) bis zum 9. Jahrhundert. In der Zeit der ersten vier Nachfolger des Propheten in der Führerschaft der Umma (den sog. »rechtgeleiteten Kalifen«) und in der nachfolgenden Umayyaden-Dynastie in Damaskus breitete sich der islamische Einflussbereich enorm aus. Als 750 die Umayyaden von den Abbasiden gestürzt wurden, reichte der islamische Einfluss von Nordspanien bis zum Indus. In dieser Zeit verfügte lediglich das chinesische Großreich über eine ähnliche Ausdehnung und Macht. Trotzdem war innerhalb des islamischen Kalifats die »Einheit der Gläubigen« durch den Islam eine reine Fiktion. Die politische Realität war geprägt von den Auseinandersetzungen zwischen den sozialen Klassen, den arabischen Muslimen und den Neumuslimen der eroberten Gebiete, zwischen städtischer, bäuerlicher und beduinischer Lebensweise. Die theologischen Debatten waren dabei das Spiegelbild sozialer und politischer Auseinandersetzungen. Von einer politischen Einheit im neuen islamischen Großreich kann also keine Rede sein. Sehr schnell verloren die Kalifen die direkte Kontrolle über weite Gebiete ihres nominalen Staatsgebietes; sie herrschten vor allem über die Städte und die fruchtbaren Gebiete. Ihre Statthalter in fernen Provinzen erlangten weitgehende Selbständigkeit, aus der in vielen Fällen eigene lokale Dynastien hervorgingen. Das zu Beginn des 8. Jahrhunderts eroberte Spanien schließlich machte sich unter einem der 750 von den Abbasiden vertriebenen Umayyaden völlig unabhängig. Die Abbasiden Kalifen, die zu Beginn ihrer Herrschaft mit Bagdad eine neue Residenz erbaut hatten und von dort aus unumschränkt herrschten, verloren ihre zentrale Macht im islamischen Reich und herrschten seit dem 10. Jahrhundert nur noch über ihre Hauptstadt und die umliegenden Gebiete.

Die Entstehung eines Weltreiches

Diesem Wegfall einer starken Zentralgewalt stand erstaunlicherweise eine geeinte Gesellschaft in Ökonomie, Sprache und Kultur gegenüber. Die neu entstandene muslimische Welt entwickelte nicht nur eine große Zahl von Macht-und Kulturzentren, sondern auch intensive Verbindungen zwischen ihnen. Ökonomisch fiel dem Reich die Transferfunktion im internationalen Ost-Westhandel zu, und die damit verbundenen Reichtümer führten auch zu einer Weiterentwicklung der Ökonomie. Nicht mehr nur Händler bewohnten die Städte, sondern Produzenten von Manufakturwaren: Waffen, Stoffe, Zucker oder Papier wurden auch für den Export hergestellt. Die Sicherheit und der Wohlstand der Städte wiederum belebte die Landwirtschaft. Die Bauern fanden größere Absatzmärkte und profitierten vom militärischen Schutz und der politischen Stabilität der Städte, während umgekehrt reiche Händler in die Landwirtschaft investierten und sich dadurch die Versorgungslage in den Städten verbesserte. Die wirtschaftliche Prosperität förderte technologische Entwicklungen, etwa in der Metallverarbeitung oder im Bewässerungswesen. Die weitreichenden Handelsbeziehungen erforderten geographische Kenntnisse, die zunehmende Seefahrt im Mittelmeer, im indischen Ozean bis nach China hin verlangte die Orientierung an den Sternen und die Positionsbestimmung durch entsprechende Geräte. Wissenschaften wie Astronomie, Optik, Physik, Geometrie und Mathematik nahmen ihren Aufschwung. Die Zunahme der Kenntnisse hatte wiederum Auswirkungen auf die Alltagswelt.

Vergleicht man die Beschreibung mittelalterlicher Städte Europas mit denen des Orients, fallen diese nicht nur durch ihre schiere Größe, sondern zudem durch hohe zivilisatorische Standards auf: Kanalisation, gepflasterte Straßen und Straßenbeleuchtung werden in Europa erst im 19. Jahrhundert zur Norm, während sie, zumindest in den Metropolen wie Damaskus, Bagdad oder den persischen und spanischen Städten seit dem 9. Jahrhundert bezeugt sind. Diese kulturelle Blüte begründet sich neben den ökonomischen Voraussetzungen außerdem in der Sprache und in der **Assimilation der eroberten Völker.** Das Arabische war die Sprache des Korans und insofern das Bindeglied zwischen Muslimen jeglicher Herkunft. Das neuentwickelte Gedanken- und Rechtssystem des Islam fußte auf dieser Grundlage, und sein Verständnis und seine Weiterentwicklung erforderten die Beherrschung der Sprache. Schon vor der Eroberung durch die Muslime von der arabischen Halbinsel sprach die Bevölkerungsmehrheit in Syrien und im Westirak arabische Dialekte. Mit der Ausdehnung des Reiches wurde das **Arabische zur Hochsprache der Gebildeten,** der politischen und religiösen Eliten und der Kaufleute. Als Schriftsprache wurde sie auch dort übernommen, wo sich die Menschen weiter ihrer Muttersprache bedienten, wie etwa im Iran und später unter den osmanischen Türken. Die Folge war, dass in der gesamten islamischen Welt eine Universalsprache zur Verfügung stand, in der sich nicht nur die Gelehrten austauschen und miteinander kommunizieren konnten. Das erklärt auch die Verbreitung philosophischer Schriften schon kurz nach ihrer Entstehung. Die Technik der Papierherstellung, die die Kosten für Bücher erheblich senkte, tat ein Übriges.

Mindestens so wichtig wie die Sprache aber war das Verhältnis der siegreichen Muslime zu den Eroberten. Wie jede Eroberung war auch die muslimische Expansion keine Idylle, sondern mit Zerstörung und Gewalttaten verbunden. Aber die muslimischen Eroberer waren auf die Kenntnisse der Eroberten angewiesen, um praktisch aus dem Nichts heraus staatliche Strukturen aufbauen zu können. Juden, Christen, Zoroastrier und andere Monotheisten galten als Schwesterreligionen des Islam und waren für die Muslime als Bundesgenossen akzeptabel oder wurden zumindest geduldet. Die neuere Forschung schätzt, dass am Ende des Umayyaden-Kalifats nur zehn Prozent der Bevölkerung in den eroberten Gebieten Muslime waren. Lediglich heidnische Kulte, die der Koran als Götzenanbetung verdammte, mussten mit gewaltsamer Bekehrung rechnen.

Hier liegt der Hauptunterschied zum christlichen Kreuzzugsgedanken, der die – auch gerade gewaltsame – Bekehrung der »Heiden« zum eigentlichen Ziel erklärt, um die politischen und ökonomischen Interessen der Eroberer als sekundär erscheinen zu lassen. Man denke hier etwa an die karolingische Expansion gegen Sachsen und Slawen, an die späteren Kreuzzüge nach Osteuropa und schließlich an die Eroberung des »Heiligen Landes« und die spanische Reconquista. In der islamischen Welt änderte sich die Zusammensetzung der Bevölkerung erst im 10. und 11. Jahrhundert entscheidend; danach war ein Großteil der Bevölkerung muslimisch.

Die Zeit des Umayyaden-Kalifats und die ersten zwei Jahrhunderte der Abbasiden-Herrschaft (also bis etwa 1000) waren geprägt von **Offenheit und Toleranz** gegenüber Andersgläubigen und auch gegenüber wissenschaftlich-philosophischer Gelehrsamkeit. Dies ist weniger auf eine theoretisch begründete Ethik zurückzuführen als auf ein pragmatisches Herangehen an die Herausforderungen des Alltags. Den arabischen Eroberern war alles willkommen, was das Leben erleichterte und verlängerte. Medizinische Kenntnisse waren interessant, weil der Bedarf an Ärzten nicht nur am Kalifenhof wuchs, sondern auch bei dem wohlhabenden Bürgertum, das sich in den Städten zu bilden begann. Mathematik war interessant, weil die eigenen Kenntnisse zur Berechnung von Feiertagen und Fastenzeiten, aber vor allem wegen der komplizierten Erbanteile, der Beuteverteilung und der Steuern nicht ausreichten. Weil der expandierende Staat und der Handel Karten benötigte, brauchte man Geographen, und um erobertes Land zu vermessen und als Beute zu verteilen, waren Geometrie und Astronomie nötig. Letztere war auch für die Festlegung der Gebetsrichtung (*qibla*) wichtig, die in dem nun riesigen Reich ohne Wissenschaft nicht mehr möglich war. Durch die Kenntnisse der Gelehrten in den ehemals byzantinischen und sasanidischen Besitzungen stieß man auf die **»Wissenschaft der Alten«** (*ulum al-awa'il*). Darunter verstand man nicht nur die Texte der griechisch-hellenistischen Tradition, die alle Themen der antiken Wissenschaften einschließlich der Philosophie beinhaltete, bis hin zum frühchristlich-neoplatonischen Denken. Für die muslimischen Gelehrten schloss die »Wissenschaft der Alten« durchaus auch alles mit ein, was an »Weisheitslehren« vorgefunden wurde, und das konnte mystisch-esoterisches Gedankengut ebenso meinen wie indische Mathematik. Deutlich werden auch hier die Verbindungslinien zwischen muslimischer und hellenistischer Kultur, die das Christentum ebenso wie »heidnische« Kulte mit einschloss.

Andererseits behielten auch die arabisch-islamischen Wissenschaftler zunächst eine Trennung zwischen den »islamischen« bzw. »arabischen Wissenschaften« und den »Wissenschaften der Fremden«, vor allem also der Griechen, bei. Erstere waren vor allem Theologie und Rechtslehre auf der Grundlage der Religion, aber auch Grammatik, Dichtung und Historiographie. Unter den »fremden« Wissenschaften verstand man neben der Philosophie auch die Logik, die Mathematik, die Naturwissenschaften und die Medizin. Später bemühten sich gerade die Philosophen, diese Unterscheidung zu überwinden. Al-Farabi trifft in seiner *Ihsa al-Ulum* (De scientiis, Über die Wissenschaften) eine entsprechende Unterscheidung nicht mehr. Er macht vielmehr deutlich, dass Wissenschaften keinen spezifischen kulturellen oder religiösen Hintergrund haben, sondern insgesamt der Vervollkommnung der Menschen dienen.

Das Zeitalter der Übersetzungen

Die Epoche zwischen dem 9. und 12. Jahrhundert wird häufig das »Goldene Zeitalter Arabiens« genannt. Es war die Epoche der abbasidischen Kalifen. Tatsächlich war es eine Zeit der Blüte von Kunst, Wissenschaften und besonders der Philosophie. Aber dieses Goldene Zeitalter war in Wirklichkeit kein ausschließlich »arabisches«; an der kulturellen und ökonomischen Blüte hatten nichtarabische Völker einen mindestens ebenso großen Anteil. So sind viele große Philosophen und Wissenschaftler keine Araber gewesen. Sowohl der Islam als auch das Arabische als Hochsprache waren zwar verbindende Glieder zwischen den Völkerschaften, doch gerade die Sprache und die aus ihr erwachsende Kunst und Wissenschaft war eine Angelegenheit der Eliten. So präsentiert sich die historische Epoche der Abbasiden-Kalifen weder politisch noch sozial oder in der Selbstwahrnehmung der Zeit als Einheit.

Am Beginn der Blütezeit der arabisch-islamischen Philosophie stand die Tätigkeit der Übersetzerschulen. Diese waren zunächst eindeutig in der außerislamischen Kultur angesiedelt; die Sabier von Harran (das antike Carrhae im nördlichen Mesopotamien) und die Ärzteschule von Djundischapur sind Beispiele dafür. Auch die medizinische und philosophische Schule von Alexandria, die 718 von dort nach Antiochia umsiedelte , gehört in diesen Zusammenhang. Schon im frühen 8. Jahrhundert, in der späten Umayyadenzeit, waren medizinische, mathematische und astronomische Texte aus dem Griechischen ins Arabische angefertigt worden. Aber erst unter den Abbasiden folgte eine wahre Flut von Übersetzungen, die nicht nur durch die schiere Menge, sondern auch hinsichtlich ihres wissenschaftlichen Niveaus bemerkenswert ist. Das lag einmal an der »Erschließung« des Arabischen als Schriftsprache. Sie geht direkt auf den Islam zurück, denn sie war die Sprache, in der Gott den Koran offenbart hatte. Zunächst gab es dafür keine einheitliche Schriftsprache, und so wurde der Koran teilweise mündlich tradiert oder nach unterschiedlichen Systemen aufgezeichnet. Erst unter dem »rechtgeleiteten« Kalifen Uthman (Osman, gest. 656) kam es zu einer einheitlichen Sammlung, und dies beförderte die **Entstehung einer arabischen Sprachwissenschaft**, die sich nun mit der Ausgestaltung der Sprache befasste. Folglich waren Texte zur Grammatik auch mit das erste, was aus fremden Sprachen, etwa dem Griechischen, in die neue arabische Sprache übersetzt wurde. Hier lag ein praktisches Interesse vor, wie überhaupt die Wissensaneignung durch die Muslime besonders vom konkreten Nutzen geleitet war und dabei erstaunlich vorurteilsfrei. Zugleich erleichterte die nun entstehende gemeinsame Hochsprache die Integration der Nichtaraber und den Dialog mit Nichtmuslimen. Dieser beförderte, etwa in den Disputationen zwischen den Mutakallimun und den christlichen oder manichäischen Gelehrten, die Aufnahme antiken Denkens, an dem auch die persische Elite besonders interessiert war. Die Tradition griechischer Philosophie war im vorderen Orient nie völlig abgebrochen. Plotin und seine Nachfolger, etwa Porphyrios und Proklos, hatten ein System des Neoplatonismus aufgebaut, das Aristoteles nach ihrer Interpretation und Lehre tradierte. Nach der Schließung der platonischen Akademie in Athen durch Justinian 529 floh die Schule; sie ließ sich sowohl in Djundaschipur, Harran, als auch in Ägypten nieder. Hier lag ein Schwerpunkt der Lehr-und Forschungstätigkeit der Philosophen auf Logik, Ethik, Mathematik (mit den Disziplinen des Quadrivium: Geometrie, Arithmetik, Musiktheorie, Astronomie) und schließlich Astrologie. Zunehmend unter christlichen Einfluss geratend, trat an die Stelle der Überlieferung platonischer Dialoge (mit Ausnahme des *Timaios*) ein neoplatonisch interpretierter Aristoteles. Die Paraphrase von Texten aus Plotins *Enneaden* als »Theologie des Aristoteles« charakterisiert vielleicht am treffendsten diese »Versöhnung des philosophischen und des religiösen Denkens« (Endreß 1990, 11). Nicht von ungefähr ist gerade dieser Text einer der ersten philosophischen, den die Araber übersetzten. Unter dem abbasidischen Kalifen al-Ma'mun (813–833) stieg nicht nur die Zahl der Übersetzungen stark an, auch ihr Themenschwerpunkt verlagerte sich: In größerem Umfang wurden jetzt philosophische Texte übersetzt.

Die neue Hauptstadt Bagdad war das Verwaltungszentrum des riesigen arabischen Reiches. Zugleich lag sie in der Mitte des Handelsweges, der die beiden großen Meere der »zivilisierten Welt« miteinander verband: das Mittelmeer und den indischen Ozean. Die islamische Welt war in dieser Zeit der Schauplatz eines rasanten urbanen Aufschwungs, in dessen Folge ihre Metropole eine der bedeutendsten Kontaktzonen im räumlichen wie im ökonomischen und technisch-kulturellen Sinne wurde. Dank ihrer Lage in der Mitte der »Alten Welt« und ihrer Herrschaft über die Länder zwischen den beiden Meeren stand sie in direktem Kontakt mit den anderen Zentren städtischer Kultur. Dadurch relativierte sich allmählich auch der Einfluss der antik-hellenistischen Kultur auf die Wissenskultur im Islam. Viele technische und wissenschaftliche Neuerungen entstammten nun, zumindest als Denkanstöße, der indischen und chinesischen Kultur. Man denke etwa an die Mathematik (die »arabischen« Zahlen sind eigentlich »indische«) oder an die Papierherstellung. Diese Phase der islamisch-arabischen Kultur ist vor allem gekennzeichnet durch die Vermischung unterschiedlichster Einflüsse, von denen das griechisch-hellenistische Erbe nur ein Teil ist, wenn auch der für die Philosophie bedeutendste. In dieser für Neuerungen offenen, wissbegierigen Welt fehlte es aber an sprachkundigen Vermittlern, die Texte von zentralem Interesse hätten übersetzen können. Neben dem praktischen Interesse an dem »Wissen der Alten«, nämlich durch Naturbeherrschung das alltägliche Leben zu erleichtern, tritt zu Beginn des 9. Jahrhunderts auch der Versuch, die mu'tazilitische Doktrin durch die Berufung auf die Autorität der großen antiken Philosophen zu stützen. Nicht umsonst war es eben jener Kalif al-Ma'mun, der um

830 eine Übersetzerschule mit großer Bibliothek in Bagdad gründen ließ: das »Bait al-hikma«, das »Haus der Weisheit«. Hier wurde neben der obligatorischen islamischen Gesetzeskunde und dem Koranstudium vor allem Logik und Medizin gelehrt. In dem Maße, in dem Übersetzungen griechischer Autoren vorlagen, wurde deren Philosophie in den Unterricht integriert. Solche Übersetzungen anzufertigen war die zweite, bald wichtigste Aufgabe des Bait al-hikma.

Der erste Leiter dieser Einrichtung war Hunain ibn Ishaq (ca. 809–873), ein nestorianischer Christ, Arzt in Djundischapur, der zunächst als Hofarzt für den Kalifen tätig war und sich dabei auch der Patronage wohlhabender Bagdader Handelsherren erfreute. Im Gegensatz zu seinen Vorgängern, die griechische Texte meist nur aus dem Syrisch-Aramäischen übersetzt hatten, konnte er Griechisch. Er entwickelte eine eigene Übersetzungsmethode, indem er Vorlagen kollationierte, also verschiedene Textvorlagen miteinander verglich, bevor er die eigentliche Übersetzung erstellte. Im Bait al-Hikma versammelte er eine Gruppe ähnlich kompetenter Mitarbeiter um sich, darunter seinen Sohn Ishaq (gest. 910), seinen Neffen Hubaysch (gest. 890) und Isa ibn Yahya (gest. 910). Der große Gelehrte Thabit ibn Qurra (gest. 901) aus Harran übersetzte nicht nur die *Physik* des Aristoteles, sondern auch einen umfangreichen Kommentar zu ihr. Ein anderer bedeutender Übersetzer war der aus Baalbek im Libanon stammende Qusta ibn Luqa (ca. 820–912), der wahrscheinlich griechischer Abstammung war. Aus seiner Feder stammen Übersetzungen und zahlreiche Verbesserungen älterer Versuche sowie auch eine Reihe eigenständiger philosophischer Texte. Berühmt wurde seine Übersetzung der *Placita philosophorum* des Pseudo-Plutarch, eine Schrift, die vor allem das arabische Verständnis der griechischen Naturphilosophie förderte und die Araber erstmals umfassend mit den Vorsokratikern und den Texten der Stoa vertraut machte. Dieses Werk ist insofern besonders interessant, weil es die Arbeitsweise der Übersetzer verdeutlicht. Sehr bald begnügten sie sich nämlich nicht mehr mit der bloßen Übertragung aus den Originalen, sondern fügten diesen Kommentierungen und Erläuterungen hinzu. Hinsichtlich der reinen Übersetzung ist Ibn Luqas Text erstaunlich exakt.

In nur etwas mehr als einhundert Jahren entstand durch die Übersetzungen ein umfassender Fundus antiker Philosophie und Wissenschaften. So lag zu Beginn des 10. Jahrhunderts die fast vollständige **Übersetzung der Werke des Aristoteles** vor, etwa das gesamte *Organon* einschließlich Rhetorik und Poetik, sowie die metaphysischen und die naturwissenschaftlichen Schriften. Dagegen scheinen die Schriften zur Ethik und Politik erst später übersetzt worden zu sein. Anders verhielt es sich mit den Werken Platons. Sein Denken hatte großen Einfluss auf die arabisch-islamische Philosophie, aber erstaunlicherweise war nur ein Bruchteil seiner Dialoge vollständig ins Arabische übertragen worden. Vielmehr existierten von fast allen Dialogen Summarien oder Paraphrasen. In die Rezeption Platons mischten sich von Beginn an neoplatonische Einflüsse. Oft hielt man das, was von Plotin, Porphyrios oder Proklos stammte, für platonische Texte oder, wie am Beispiel der bereits erwähnten berühmten »Theologie des Aristoteles«, gar für aristotelisches Denken. Erst die spätere arabische Philosophie, vor allem Spaniens, hat hier mehr Klarheit geschaffen. Interessant ist dabei, dass die Araber Plotin selbst nicht kannten. Zwar war ihnen der Name in seiner arabisierten Form, Flutinus, geläufig, doch identifizierten sie diesen mit einem Aristoteles-Kommentator der Spätantike, nicht mit dem Verfasser der *Enneaden*. Neben den antiken Philosophen galt die Übersetzungstätigkeit auch anderen wissenschaftlichen Feldern. Medizinische Schriften, die mathematischen und naturwissenschaftlichen Texte der Antike nebst solchen zur Musik wurden gesammelt und übersetzt. Lange bevor in Europa Kenntnis davon genommen wurde, hatten die Araber die *Elemente* des Euklid, den *Almagest* des Ptolemäus oder Archimedes übersetzt. Damit war die Grundlage für eine Blüte der Wissenschaften geschaffen worden.

Die oft verbreitete Auffassung, in der Bewahrung und Übermittlung antiker Wissenschaft habe sich die historische Leistung der islamischen Kultur erschöpft, ist grundfalsch. Vielmehr begann nach der ersten großen Welle der Übersetzungen die produktivste Phase der arabisch-islamischen Geisteswelt, nämlich als Aufstieg der Wissenschaften. In Mathematik und Astronomie, in Optik und Chemie, in Medizin und schließlich der Philosophie entwickelten die Muslime die Wissenschaften auf der Grundlage der »Alten« und den Kenntnissen anderer Völker, wie etwa der Perser und Inder, weiter. Dagegen fehlte ihnen das Interesse an den antiken Historikern und Dichtern fast völlig. Dies unterscheidet tatsächlich die spätere europäische Antikenrezeption von der arabisch-islamischen. Für die umfassende Aufnahme des antiken Wissens war das allgemeine kulturelle »Klima«, nämlich die Offenheit für neues Wissen, die Neugierde und die ausgesprochen pragmatische Lebenseinstellung der meisten Muslime sehr wichtig. Mindestens so bedeutsam war die Entwicklung der kulturellen Techniken zur Wissensvermittlung.

Nicht nur das Bait al-Hikma, sondern viele Einrichtungen zur Wissensvermittlung entstanden, und vor allem ein umfangreiches Bibliothekswesen. Am Ende des 9. Jahrhunderts hatte Bagdad mehr als 30 öffentliche Bibliotheken, deren größte einen Bestand von hunderttausend Bänden hatte. Die große Bibliothek von Corduba soll es am Ende der Regierungszeit des Kalifen al-Hakam II. (gest. 976) gar auf vierhunderttausend Bände gebracht haben. Nichts im christlichen Mittelalter lässt sich damit vergleichen. Selbst die größten Klosterbibliotheken wiesen kaum mehr als einen Bestand von einigen hundert Büchern auf. Auch die größten Klöster verfügten über keine eigenen Räumlichkeiten für ihren kleinen Bestand; in Sankt Gallen etwa war die Bibliothek in einem Winkel am Chor untergebracht. Damit erklärt sich allmählich das enorme **Gefälle zwischen der mittelalterlichen Wissenskultur im Islam und im christlichen Abendland.** Die Phase der Übersetzungen bildet, neben der Entwicklung der Theologie, eine zweite Voraussetzung für die Entstehung des systematischen Philosophierens im Islam. Beide gehen ineinander über. Der erste große »Systematiker«, al-Kindi, lebte zur Zeit der großen Übersetzer, und es ist bekannt, dass der Gelehrte Ibn Na'ima al-Himsi (gest. 835) just die so einflussreiche »Theologie des Aristoteles« für al-Kindi übersetzte. Damit begann die Phase der zahlreichen bedeutenden neoplatonischen Philosophen im Islam.

3 Der Beginn der systematischen Philosophie im Islam: al-Kindi und ar-Razi

Systematisches Philosophieren bedeutete zunächst, dass die Denker auf bestehende philosophische Systeme zurückgriffen, also auf die große Philosophie der Antike und Spätantike: Platon, Aristoteles und die Neoplatoniker. Es bedeutet aber auch, dass die islamischen Philosophen ihrerseits philosophische »Systeme« der Welterklärung aufzustellen begannen, die möglichst alle Bereiche des philosophischen Denkens behandelten (und dazu gehörten zumindest prinzipiell auch die heute so genannten Naturwissenschaften). Dabei flossen unterschiedliche Elemente der antiken Vorbilder ein, die aber im Ergebnis zu einer autonomen Weltbetrachtungen führten. Die arabischislamische Philosophie in ihrer »klassischen« Epoche ist keineswegs epigonenhaft. Diese Entwicklung von den Vorbildern hin zu eigenständigen philosophischen Systemen machte auch die christliche Philosophie Europas durch. Allerdings müssen beide Philosophien soziologisch völlig anders verortet werden. Das Philosophieren in Europa war gekennzeichnet durch seine Nähe zum Klerus; Philosophie war ein Teil der Theologie, und die »Philosophen« waren Geistliche, zunächst vor allem Mönche. Erst im ausgehenden Mittelalter und in der Renaissance taucht deshalb im europäischen Kontext der »Philosoph« als eigenständiger akademischer Lehrer und Wissenschaftler auf. Dagegen entstammten im islamischen Kontext die Gelehrten Schulen, die einen »praktischen« Schwerpunkt vermittelten. So war die Mehrzahl der »großen« Philosophen des Islam an den neu gegründeten Ärzteschulen ausgebildet worden, und ihr Ruhm stützt sich in einigen Fällen auch auf ihr medizinisches Wissen. Die Ärzteschulen vermittelten nicht nur medizinische Kenntnisse, sondern möglichst den ganzen Kanon des damals bekannten Wissens, und dies schloss so unterschiedliche Gebiete ein wie »Naturwissenschaften«, Astronomie,

Mathematik, Philosophie und Logik, Korankunde und islamisches Recht. Entsprechend breit gefächert war das wissenschaftliche Interesse der arabisch-islamischen Gelehrten; kaum einer, der nur auf einem Wissensgebiet glänzte. Ähnlich breit gefächertes Wissen vermittelten auch andere Bildungsstätten, etwa das Bait al-Hikma, ähnliche Übersetzerschulen und anfänglich durchaus auch die Koran-und Rechtsschulen.

3.1 al-Kindi und das Denken des Neoplatonismus

Umfassende Kenntnisse in allen Wissenschaften kennzeichnen auch das Werk des ersten der großen arabisch-islamischen Philosophen. Abu Yusuf Ya'qub Ibn Ishaq al-Kindi wurde um das Jahr 800 in der südirakischen Stadt Kufa geboren. Dort war sein Vater Gouverneur der Abbasiden. Al-Kindi entstammte einem alten Königsgeschlecht aus dem südarabischen Hadramaut und dem Stamm der Kinda, daher sein Name, »al-Kindi«. Schon zu Lebzeiten nannte man ihn den »Philosophen der Araber«, und tatsächlich blieb er für lange Zeit der letzte bedeutende arabischstämmige Philosoph. Über seine Ausbildung ist nichts bekannt, aber über deren Ergebnis: an-Nadims »Fihrist«, eine im 10. Jahrhundert entstandene Sammlung aller seit Muhammad verfassten Schriften im Islam, zählt 240 Titel seiner Werke auf. Diese Liste enthält zwar auch kurze Aufsätze und Briefe, doch beeindruckt vor allem die Fülle der Themen, die behandelt werden: Philosophie, Theologie, Logik, Astronomie, Alchemie, Arithmetik, Geometrie und Musik.

Ein bedeutendes Werk, das von dieser Fülle erhalten blieb, war al-Kindis Abhandlung *Über die erste Philosophie*, die er dem Kalifen al-Mu'tasim (gest. 842) widmete. Mit ihm verband al-Kindi ein besonderes Verhältnis. Er wurde zu seinem vertrauten Ratgeber und Lehrer seines Sohnes Ahmad. Auch dem Nachfolger des Kalifen, al-Watiq (gest. 847), stand er als Berater zur Seite. Unter der Herrschaft des Kalifen al-Mutawakkil (gest. 861) wurde er das Opfer einer Hofintrige, fiel beim Kalifen in Ungnade und verließ Bagdad. Er starb um 873, angeblich verarmt und verbittert. Man kann diese Ereignisse allerdings auch in Verbindung mit dem sich wandelnden geistigen Klima der Zeit bringen: al-Mutawakkil war derjenige Kalif, der die »Inquisition« des Kalifen al-Ma'mun aufhob, die mu'tazilitischen Doktrin ablehnte und die These von der Ewigkeit des Korans zum offiziellen Dogma erhob. Damit setzte sich die sunnitische Orthodoxie gegen die Mu'tazila durch, zu deren Anhängern auch al-Kindi gerechnet wurde. Was blieb, war der Ruf, den al-Kindi sich als Gelehrter und vor allem als Philosoph erworben hatte. Bei al-Kindi begegnet uns erstmals die für die arabisch-islamische Philosophie so wichtige Verbindung von aristotelischem und neoplatonischem Denken oder anders gesagt: der neoplatonisch interpretierte Aristoteles. Hier ist es wichtig, ein wenig auszuholen, um die Bedeutung dieses Denkens aufzuzeigen. Denn unserem »modernen« Bewusstsein scheint das neoplatonische Philosophieren fremd, um nicht zu sagen absurd: von »Mondsphären« ist die Rede, vom »ausfließen« (*emanieren*) des Intellekts von einer Sphäre in die nächste; all dies klingt eher nach Esoterik als nach Philosophie.

Das neoplatonische Denken

Der Neoplatonismus ist der letzte der großen philosophischen Entwürfe der Antike, die nichts weniger wollen, als die Welt in ihrer Gesamtheit zu erklären und zu erfassen. So unterschiedlich diese Philosophien in Detail auch sein mögen, sind sie alle dem ontologischem Paradigma unterworfen. Ontologisches Philosophieren fragt nach dem, »was ist«, also was eine Sache, ein Ding, einen Sachverhalt zu dem macht, was es ist. In der Konsequenz waren sich alle antiken Philosophen einig, dass dieses »Sein« (griech. *ón*), das die Essenz der Dinge ausmacht, eine andere Qualität haben müsse als ihre bloße materielle Existenz. Ontologisches Denken führt also weg von der konkreten Existenz des Stofflichen und hin zu dem Versuch, das »Wesen« der Dinge, eben ihr »Sein« zu begreifen. Philosophie ist dann das »wissenschaftliche Erkennen der Wahrheit«, also der wahren Beschaffenheit des Seins, wie Aristoteles sagt (*Metaphysik* 993b, 20). Dies schließt nicht nur die Gesamtheit der Welt und des Universums ein und wird dadurch zur kosmologischen Welterklärung, sondern auch die Fragen nach dem Wesen dieser Weltordnung, ihrem Ziel (griech. *telos*) und Sinn. Damit gelangt ontologisches Philosophieren folgerichtig immer zur Frage nach der Beschaffenheit der Wahrheit und des »reinen« Seins selbst und damit zur Frage nach dem »Urgrund« allen Seins. Entsprechend vollzieht die Beantwortung der Frage nach dem Sein verschiedene Stufen oder Grade der Beschaffenheit einer Sache nach sich: von der bloßen *existentia*, dem Das-Sein einer Sache, hin zur *essentia*, dem Was-Sein einer Sache.

Platon bestimmte das reine Sein als Idee (*eidos*). Die Philosophie hatte für ihn die Aufgabe, von der Ebene der bloßen Meinung (*doxa*) und des sinnlichen Scheins zur Ebene der Erkenntnis (*episteme*) der Formen des wahren Seins zu wachsen: zum reinen Wahren, Guten und Schönen, das in der letzten Konsequenz »eins« ist. Die Pointe der Ideenlehre Platons liegt darin, dass diese Erkenntnis des Seins eine Wiedererinnerung (*anamnesis*) ist: Die Seele, die in den Körper verbannt ist, gelangt durch die systematische, »wissenschaftliche« Beschäftigung mit dem Wesen des Seins zurück zu ihrer Präexistenz vor ihrer Verbannung in den Körper, als sie die Ideen mit dem »Auge des Geistes« unmittelbar schauen konnte. Während unsere Sinne uns also etwas über die Außenwelt vermitteln, aber nie darüber, was das Wesen, die Essenz, das Sein dieser Welt ist, muss folgerichtig die Erkenntnis über das Sein bereits in uns geschlummert haben. Der Erkenntnisgang der Philosophie führt uns also weg von der Sinnenwelt, hin zu einer rein geistigen »Schau« der Welt, die freilich nur wenigen Weisen vorbehalten sein kann.

Platons großer Schüler **Aristoteles** geht dagegen davon aus, dass das menschliche Bewusstsein den Weg zur Erkenntnis des Sein, zur Wahrheit, in jedem Fall vollziehen kann. Wenn die Philosophie die Wissenschaft vom Allgemeinen, von den Gründen und Ursachen und damit letztlich vom Wesen der Dinge und vom Sein ist, dann muss sie systematisch und damit lehrbar und für jeden nachvollziehbar sein. Folgerichtig beginnt Aristoteles den Weg der Erkenntnis mit der Dingwahrnehmung durch die Sinne, und so ist Wissenschaft nicht (wie bei Platon) »Wiedererinnerung«, sondern Erfahrung. Entsprechend viel Wert legt Aristoteles auf die Methodik der Erschließung von Erfahrungsaussagen und auf die Begründung von Schlussfolgerungen. Philosophie als Wissenschaft von den Gründen und

Ursachen dessen, was ist, führt aber auch zu der Frage nach den »ersten« Gründen und Ursachen. Und damit muss auch Aristoteles die Sphäre der Erfahrungswissenschaften verlassen und gelangt wie Platon auf das Feld der »immateriellen« Wesenheiten des Seins. Sinnvollerweise muss diese Frage *nach* den Erkenntnissen über die physische, sinnlich wahrnehmbare Welt abgehandelt werden, und deshalb hat sie der Aristoteles-Forscher Alexander von Aphrodisias im zweiten vorchristlichen Jahrhundert auch *met'at'aphysik'a*, »nach der Physik«, genannt (woher unser Wort »Metaphysik« stammt). Hier geht es um das erste Prinzip des Seins, zu der man in einer Kette von Ursachen und Wirkungen folgerichtig gelangt. Aristoteles definierte dieses erste Prinzip als »unbewegt Bewegendes« (in *Metaphysik* 1012) und identifizierte es mit dem Prinzip des Göttlichen. Daraus wurde im theistischen Denken späterer Zeit der »unbewegte Beweger«, der mit dem personenhaften Schöpfergott in eins gesetzt wurde.

Deutlich wird jetzt, warum sowohl der Platonismus als auch die aristotelische Philosophie in einer solch starken Beziehung zu den monotheistischen Weltreligionen stehen konnte: Die Theologien von Judentum, Christentum und Islam greifen gleichermaßen auf die antiken philosophischen Welterklärungen zurück. Die platonische Ideenlehre verweist das reine Wahre, das Sein, in eine immaterielle Sphäre, die nur durch die »Schau« der Seele zu erreichen ist. Hier wird der Platz für den Glauben geschaffen. Aristoteles lässt den göttlichen »ersten Beweger« zugleich als Teil einer Ordnung alles Seienden erscheinen, die sich wiederum systematisch erschließen lässt und damit der Vernunft zugänglich ist. So kann die Welt als von Gott sinnvoll geordnet angesehen werden, nachvollziehbar durch die menschliche Vernunft, weil Gott selbst reine Vernunft ist. Hier wird der Platz für den Menschen als Vernunftwesen geschaffen. Wenn die mittelalterliche Philosophie nun erbitterte Auseinandersetzungen über das Wesen der Vernunft im Verhältnis zum Wesen Gottes und des Glaubens führte, so verläuft die Bruchlinie zwischen den Philosophien meistens an der jeweiligen Betonung des platonischen oder aristotelischen Erbes. Lediglich einige wenige Philosophen im islamischen und christlichen Kontext des Mittelalters stellen sich durch ihr radikales Fragen und ihre Thesen außerhalb des ontologischen Denkens und bereiten damit dessen Ablösung vor. In der arabisch-islamischen Philosophie stand zu Beginn eine eindeutige Betonung des neoplatonischen Erbes.

Der Neoplatonismus war in der Spätantike ein letzter Versuch, systematisch und nach einheitlichen Grundprinzipien platonisches mit aristotelischem Denken zu versöhnen. Dabei flossen andere, ihrerseits von den großen griechischen Denkern beeinflusste Philosophien in den Neoplatonismus ein: Die Stoiker und die Gnostiker lieferten Beiträge. Umgekehrt wurde das frühe Christentum vom Neoplatonismus beeinflusst. Obwohl nicht der Begründer des Neoplatonismus, gilt doch der aus Ägypten stammende Philosoph **Plotinos** (205–270) als sein erster und wichtigster Vertreter. Orientiert an Platon geht auch Plotin davon aus, dass das »reine« Sein als ausschließlich Geistiges immateriell ist, und der Mensch in seiner Seele zwar noch »Anteil« daran hat, aber nur eine wage Ahnung, einen »Hauch« davon bewusst erkennt. Plotin fragt sich, wie dieser Verlust der reinen Erkenntnis zu erklären ist. Er stellt zunächst fest, dass die materielle Welt unserer Erfahrung dem Werden und Vergehen unterworfen ist. Dagegen ist das Universum und seine Ordnung (die Griechen sprachen vom Kosmos) etwas Beständiges. Der Kosmos behauptet seine Existenz und seine Ordnung als Ganzes, auch wenn seine Bestandteile vergänglich sind. Daraus folgt für Plotin einmal, dass in dieser Ordnung das Unvergängliche und Ewige genauso wie das Vergängliche und Flüchtige seinen festen Ort haben muss. Zweitens folgt, dass das Unvergängliche von einer anderen, nämlich höheren Qualität sein muss als das Vergängliche. Damit werden zwei Charakteristika des Neoplatonismus, die uns in der flüchtigen Betrachtung »unphilosophisch« und bloß esoterisch-schwärmerisch vorkommen, als sowohl ernsthafte Wissenschaft wie als Teil der platonisch-aristotelischen Tradition erkennbar.

Die Ordnung der »Welt« ist eine kosmologische, umfassende Ordnung, und diese Ordnung ist in »Stufen« vom unvergänglichen, reinen Sein hinab zur vergänglichen, bloß materiellen Existenz angelegt. Die in der neoplatonischen Philosophie so befremdliche Rede von den kosmischen »Sphären« bekommt dadurch ihren philosophischen Sinn. Die Ordnung des Makrokosmos, mit seiner unvergänglichen Ordnung der Gestirne, hinab zur veränderlichen Welt, auf der wir uns bewegen, wird gespiegelt in der Ordnung, der wir selbst als denkende Wesen unterliegen. Unsere materielle, körperliche Existenz ist die vergängliche, niedrigste Stufe des Seins, während unsere Vernunft, der Geist, auf das unvergängliche, reine Sein gerichtet ist.

Die Ordnung des Kosmos in Sphären geht auf die klassische griechische Naturphilosophie und auf Aristoteles selbst zurück. Dieser hatte den Planeten Bahnen zugewiesen, nämlich Sphären, auf denen sie sich bewegen. Um die Bewegung selbst zu erklären, nahm Aristoteles »Ausgleichssphären« an, die jeweils aufeinander wirken. Logischerweise mussten alle Planetenbewegungen letztlich auf die äußerste Sphäre zurückgehen, die selbst vom »unbewegten Beweger« angestoßen wurde. Dieser »Anstoß« aber konnte nicht mechanisch erfolgen, denn der »erste Beweger« musste eine immaterielle Form haben, um nicht seinerseits wiederum Teil einer Ursache-Wirkungs-Relation zu sein. Wodurch wurde also die Bewegung ausgelöst? Hier gab der Neoplatonismus eine faszinierende Antwort: durch das »Leben« selbst – griech. *psyché* –, was wir mit »Seele« übersetzen. Also fließt »Lebendigkeit« oder »Seele« von der höchsten Sphäre in die jeweils niedrigere; dieses Ausfließen wird *Emanation* genannt. Auf der höchsten Stufe der kosmologischen Ordnung steht also der Urgrund allen Seins. Dieser Urgrund muss qualitativ etwas völlig anderes sein als die niedrigeren Stufen des Seins, und deshalb können wir, die wir als Menschen ja an die materielle, also eine niedrigere Seinsstufe gebunden sind, es auch nur mit Chiffren bezeichnen: als das »Ur-Eine«, weil es nicht in Teile zerlegt werden kann und keiner Veränderung unterworfen ist, oder als das »Absolute«, weil es allumfassend ist und damit von unserem beschränkten Denkvermögen abgelöst. Es ist in einem strengen Sinn etwas Überweltliches, Transzendentes, und nicht umsonst benutzt die neoplatonische Philosophie dafür die Licht-Metapher: das Ur-Eine ist reines Licht, das uns Menschen blind macht. Aber schon Plotin nennt es auch den »Vater«, und damit ist die theistische Deutung des Ur-Einen als personaler Gott naheliegend.

Dem Urgrund des Seins folgt ein Stufenbau hinab zur »dunklen«, bloß materiellen Existenz.

Die erste, »göttliche« Ebene des Lichts tritt auf der nächsten Sphäre als reiner Geist (*nus*), als Denken-an-sich in Erscheinung. Er verkörpert das Denken der reinen Ideen allen Seins. Damit diese reinen Gedanken die Kraft haben, sich zu materialisieren, emanieren sie in das Lebendige, nämlich die Weltseele. So zeigt sich das Ur-Eine, vermittelt über den Geist, lebendig in der Weltseele. Gott oder das Ur-Eine ist also in dreifacher Weise in der Welt: als reines Licht und Absolutes; als Geist, der die reinen Ideen verkörpert; und als belebende Weltseele. Nicht von ungefähr konnte gerade die christliche Theologie mit ihrer Dreifaltigkeitslehre hier besonders gut an den Neoplatonismus anschließen. Dann folgt die Stufenfolge weiter hinunter bis zur gänzlich ungeformten Materie. Plotin setzt sie mit der absoluten Dunkelheit und dem Bösen gleich, und hier mischt sich eine Denkfigur der Gnosis in die neoplatonische Philosophie. Für Clemens von Alexandria (150–ca. 215) war »Gnosis« (griechisch für »Erkenntnis«) die Gotteserkenntnis in Ergänzung zum Glaubensakt des Christentums. Gnosis heißt aber auch eine religiös-philosophische Position, die in der römischen Antike aufkam und Gott nicht mittels rationaler Erkenntnis, sondern durch eine mystische »Schau« erreichen wollte. Damit wird Gnosis zu einer Art von »Geheimwissen«, das nur Auserwählten zugänglich ist. Allen gnostischen Lehren gemeinsam war aber der strikte Dualismus von Gut und Böse: Das Gute ist die Gottheit und das rein Geistige, das Böse die Materie und die Begierden, die sie auslöst. Der Mensch – als beidem verhaftet – muss nach der Erlösung vom materiell-sündigen Leib streben. Ähnlich sah das auch der Neoplatonismus: Ziel des Menschen ist die Loslösung von seiner Leiblichkeit, die das »Dunkle« und »Böse« der Seinsordnung verkörpert. Hier wird die neoplatonische Kosmologie nun durch die Umkehrung der Stufenfolge nochmals interessant, weil sie als Teleologie verstanden werden kann, nämlich indem sie den Menschen und der Welt ein Ziel (*telos*) vorgibt. So wie die Sphären in die jeweils niedrigere Seinsform emanieren, kann der Mensch den umgekehrten Weg gehen. Kraft seiner Vernunft kann es ihm gelingen, sich von seiner Körperlichkeit und damit von dem Bösen in ihm frei zu machen und zur Schau des Einen, des Göttlichen zu gelangen. Dieses »Transzendieren« ist aber bei den Neoplatonikern keineswegs ein esoterisch-hysterisches Brimborium, sondern ein an Aristoteles geschultes Ringen um Wissen: Es ist Philosophie als strenge Wissenschaft. Nur am Ende steht nicht (anders als bei Aristoteles) der nüchterne Verweis auf die Existenz eines »unbewegt Bewegenden«, sondern ein mystisches Erlebnis, eine Gottesschau, die nur durch Weltabwendung und Askese zu erlangen ist.

Der Neoplatonismus zeigt sich uns als ein großer systematischer Entwurf der Welterklärung, der sowohl an platonisches wie aristotelisches Philosophieren anschließt. Zugleich aber enthält er starke Elemente eines metaphysischen wie moralischen Dualismus, der in Leibfeindlichkeit, asketische Lebensweise und mystische Erfahrungen mündet. Genau hier lag auch das besondere Interesse der arabisch-islamischen Philosophen am Neoplatonismus. Er konnte begriffen werden als Fortführung und Lösungsangebot für die Debatten der frühen islamischen Theologie und der Mutakallimun um das Wesen Gottes und seiner Schöpfung und um das Verhältnis des Menschen und seines Intellekts zum Wesen Gottes. Dabei war die »Spitze« der kosmologischen Weltordnung des Neoplatonismus aus islamischer Sicht besonders problematisch, konnte sie doch sowohl ohne große Verfälschung als Symbol der christlichen Dreieinigkeit ausgelegt als auch pantheistisch interpretiert werden und damit den allmächtigen Schöpfergott des Korans negieren. Daraus ergaben sich Fragen, an denen sich zumindest die ersten großen Systematiker der arabisch-islamischen Philosophie abarbeiteten: Wie vollzieht sich die Emanation des Ur-Einen, Göttlichen, zur nächsten Stufe, und wie ist umgekehrt der Gang des menschlichen Geistes hin zur »Schau« des Absoluten genau zu verstehen?

Metaphysik und Intellekttheorie al-Kindis

Al-Kindi bemüht sich stärker als seine Nachfolger um die Vermittlung zwischen koranischer Botschaft und griechischer Philosophie. So lehnt er etwa als einziger der bedeutenden islamischen Philosophen die aristotelische Auffassung von einer ewigen Welt ab zugunsten einer Schöpfung *ex nihilo*, aus dem Nichts, denn nur diese Auffassung ist mit dem koranischen Schöpfergott vereinbar. Dieser Wunsch nach einer Einheit von offenbartem Glauben und philosophischer Welterklärung ist bei al-Kindi nicht das Ergebnis eines Zwanges seitens der orthodoxen Religionsgelehrten und auch nicht eine opportunistische Geste ihnen gegenüber, sondern Ausdruck einer tiefen Gläubigkeit. Wie ernst es al-Kindi gleichzeitig mit der systematischen Erfassung philosophischer Gedanken war, sieht man nicht nur daran, dass er selbst dafür sorgte, dass arabische Übersetzungen griechischer Philosophen in großer Zahl erstellt wurden. Auskunft darüber gibt uns auch die Einleitung zu seiner Schrift *Über die erste Philosophie*, in der er den Leser ermahnt, »aus jeder beliebigen Quelle, sogar, wenn sie von früheren Generationen und anderen Völkern stammt«, zu schöpfen. Philosophie ist für ihn das »Erkennen der wahren Natur der Dinge, soweit der Mensch dessen fähig ist«, und dafür darf es keine Beschränkungen geben.[1] Seiner Auffassung nach kann Philosophie aber zu keinen anderen Einsichten kommen, als sie die Botschaft des Korans bereits vermittelt hat, und dies gilt auch für das Ur-Eine, die Gottheit. Al-Kindi kann hier nur auf die Unfähigkeit der menschlichen Vernunft verweisen, etwas über das Wesen Gottes zu sagen. Darin folgt er den neoplatonischen Denkern des Frühchristentums, die von der Unmöglichkeit der Gottesrede gesprochen hatten. Diesen, in der Philosophiegeschichte »Negative Theologie« genannten Interpretationsansatz haben die späteren Philosophen abgelehnt, weil er die philosophischen Fragen unbeantwortet lässt.

Al-Kindi beeinflusste die islamische Philosophie stärker durch seine Intellekttheorie. Dabei wurde die neoplatonischen Stufenpyramide des Seins sozusagen aus umgekehrter Perspektive betrachtet, nämlich von unten nach oben aufsteigend. Al-Kindis Ausgangsfrage war, wie der menschliche Intellekt, der ja an die Materie gebunden ist, den reinen Geist (*nus*) erreichen kann. Aristoteles hatte zwei Formen des Intellekts unterschieden (in *De anima III*, 430a): den tätigen Intellekt (*intellectus agens oder activus*), und den passiven, »leidenden« Intellekt (*intellectus passivus*). Der tätige Intellekt sei wesenhafte Tätigkeit und Erkenntnis-gebend, der passive Intellekt dagegen nur rezeptiv, also aufnehmend und an die sinnliche Welt gebunden. Für den Erfahrungswissenschaftler Aristoteles ist das nicht nur eine »erstaunliche Aussage« (Flasch), sie wirft zudem die Frage nach dem Wesen des »aktiven Intellekts« auf: Ist er, weil er »er selbst« nur aufgrund seines Aktiv-Seins ist, fast ein göttlicher Verstand? Al-Kindi führt die aristotelische Unterscheidung zwischen dem aktiven und passiven Intellekt in die islamische Philosophie ein. Zugleich will er das Problematische des Entwurfs umgehen, indem er den Intellektbegriff weiter differenziert und sich die anderen Ebenen als vermittelnde Zwischenstufen vorstellt: »Das erste Intellekt ist der aktive Intellekt;

---

1   Zitiert nach der Übersetzung von Watt/Marmura 1985, 331. Vgl. al-Kindi 1950, 82ff.

der zweite ist einer, der in Potentialität ist und in der Seele; der dritte ist der Intellekt in der Veränderung vom Zustand der Potentialität in der Seele zu dem der Aktualität; und der vierte der Intellekt, von welchem wir sagen können, er habe sich manifestiert.« (al-Kindi 1950, 353)

So ist also der aktive Intellekt das, was immer als höchstes Prinzip in den Dingen anwesend ist; er ist sozusagen die reine, theoretische Vernunft, das *nus*. Er richtet sich auf die intelligible Welt, was unter dem ontologischen Paradigma verstanden werden muss als das allgemeine Wesen, die reine Form des Seienden.[2] Der »aktive Intellekt« kommt also gewissermaßen »von außen« und wirkt auf den menschlichen Verstand, nämlich zunächst auf die zweite Stufe. Diese ist beseelt, und für die arabischen Philosophen bedeutete »Seele« (*psyché*) so viel wie »Leben«. Sie ist »als Wesenheit eins; ihre Substanz ist eine Entsprechung zur Substanz des Schöpfers, so wie das Licht der Sonne eine Entsprechung der Sonne selbst ist.« (al-Kindi 1950, 273). In ihr ist also »potentiell« der reine, aktive Intellekt angelegt. Die dritte Stufe des Denkens stellt nun sozusagen die Verbindung zwischen beiden her, nämlich zwischen der Sphäre des in der Seele bereits angelegten reinen Intellekts und der Sphäre des Lebenden, des Bewegten und Naturabhängigen. Dem Ergebnis dieser Verbindung schreibt al-Kindi eine weitere Form des Intellekts zu, nämlich die nunmehrige Manifestation der Verbindung, durch die wir das in der empirisch wahrnehmbaren Welt enthaltene intelligible Wissen erkennen können. Auf dieser Stufe des Intellekts sind die Wissenschaften, die Philosophie oder die Prophetie angesiedelt. Freilich bleibt al-Kindi auch mit diesem Modell die Antwort auf die Frage schuldig, wie sich letztlich der Übergang von der sinnlichen zur geistigen Er-

---

2   An diesem Begriff wird der Unterschied zwischen den ontologischen und dem neuzeitlich-modernen mentalistischen Paradigma deutlich: »Intelligibel« heißen für Kant nur noch die Gegenstände, »sofern sie bloß durch den Verstand vorgestellt werden können und auf die keine unserer sinnlichen Anschauungen gehen kann« (*Prolegomena zu einer jeden künftigen Metaphysik*, § 34 Anm.). Sie sind also »Gedankendinge«, die unser Verstand konstruiert – beispielsweise, um überhaupt Aussagen über Sinneswahrnehmungen machen zu können (etwa das Kausalitätsprinzip, oder in der Moral die Imperative). Dagegen sieht ontologisches Philosophieren hier den Ort der »absoluten« Erkenntnisse und Wahrheiten über das Wesen der Welt.

kenntnis vollzieht. Seine bloße Vermehrung der Stufen des Intellekts ändert nichts an ihrem Nebeneinander, ohne dass erklärt wird, wie sie auseinander entstehen könnten. Die auffälligen Lücken in der systematischen Philosophie al-Kindis lassen sich auf die bruchstückhafte Überlieferung seines Werkes zurückführen. Aber es ist ein berechtigter Verdacht, dem großen Denker auch zu unterstellen, dass er die philosophische Beantwortung bestimmter Fragen zugunsten einer religiösen bewusst vernachlässigte.

3.2 ar-Razi und der philosophische Skeptizismus

Für den zweiten großen Systematiker des neunten Jahrhunderts gilt zumindest letzteres nicht: Abu Bakr Muhammad Ibn Zakariyya ar-Razi betonte als ausgewiesener Skeptiker und Religionskritiker den Primat der Philosophie vor der Religion. Aber auch von ihm sind nur Teile seines philosophischen Werkes überliefert, so dass eine umfassende Darstellung und Interpretation schwer fällt. Er wurde auch vom lateinischen Mittelalter wahrgenommen, freilich nicht zuerst als Philosoph, sondern als Arzt. In Europa bekannt als »Rhazes«, hinterließ er eine Reihe von medizinischen Schriften, von denen mehr als fünfzig erhalten geblieben sind. Sie sind nicht nur Exzerpte aus griechischen und arabischen Texten, sondern vor allem klinische Fallstudien, die er jeweils in Bezug zu theoretischen Aussagen setzte und diese dabei kritisch oder bestätigend kommentierte. So blieb auch die größte Autorität für die mittelalterliche Medizin, der griechisch-römische Arzt und Philosoph Galen (129–199), nicht von ar-Razis Kritik verschont. Seine medizinischen Hauptwerke waren die Enzyklopädie *al-Djami' al-Kabir* (»Das umfassende Werk«) und *al-Hawi fi-tibb* (»Behältnis der Medizin«), das in Auszügen als *Liber Continens* (»Buch der Erhaltung«) 1279 in Sizilien ins Lateinische übersetzt wurde und 1486 als Druck in Brescia erschien. Ar-Razis Buch über die Infektionskrankheiten (»Über Pocken und Masern«) erschien noch im 18. Jahrhundert in England als Material im Streit über die Möglichkeit einer Pockenschutzimpfung. Das ganze Mittelalter über galten seine Texte neben den antiken Klassikern und Avicennas »Kanon der Medizin«

als die wichtigsten Autoritäten in der Medizin. Ar-Razi gehörte zu den Denkern, die besonders in den Naturwissenschaften und der Medizin mehr an empirischer Forschung als an vormaligen Autoritäten orientiert waren. Das machte zwar die hohe Qualität seiner Schriften aus, die deshalb auch besonders geschätzt wurden, setzte ihn aber andererseits dem Vorwurf aus, ein »Freidenker« zu sein, der nicht nur die fachlichen Autoritäten in Frage stellte, sondern letztlich jegliche Autorität. Damit sind wir bei der philosophischen Bedeutung ar-Razis angelangt.

Zakariyya ar-Razi stammte aus Rayy (Raj), einem Ort einige Kilometer südlich von Teheran. Damit war ar-Razi der erste der bedeutenden persischstämmigen Philosophen. Seine Wissenschaftssprache blieb das Arabische, und sein Hauptwirkungsort Bagdad, das im 9. Jahrhundert durchaus noch das Zentrum der islamischen Welt war. Über das Leben des ar-Razi wissen wir herzlich wenig: Geboren 865, studierte er in seiner Heimatstadt den ganzen Kanon der damals bekannten wissenschaftlichen Disziplinen. Er scheint sich zunächst als empirischer Forscher mit Chemie beschäftigt zu haben, die man arabisch »Alchimie« nannte. Darunter ist einmal eine allegorisch-mystische Deutung chemischer Reaktionen zu verstehen, aber auch im modernen Sinn der Versuch der systematischen Ergründung der Beschaffenheit der Materie. Beides vermischt sich in der arabisch-islamischen Wissenschaft, auch bei ar-Razi. Als Arzt übersiedelte er nach Bagdad und leitete dort den Aufbau eines Krankenhauses, dessen Leiter er angeblich wurde. Am Ende seines Lebens erblindet, starb ar-Razi entweder 925 oder 932. Al-Biruni berichtet von ar-Razis Berühmtheit als Arzt: »In der Heilkunst erlangte er einen hohen Rang, die großen Könige verlangten nach ihm, ließen ihn rufen und ehrten ihn. Er war ständig beim studieren und überaus eifrig darin.« (al-Biruni 1991, 148) Zu seinen Studien gehörten auch die philosophischen Klassiker, und hier erwies sich ar-Razi wiederum als sowohl sehr kritischer wie sehr produktiver Autor. Leider sind gerade die meisten seiner philosophischen Werke verschollen; vieles über sein Denken wissen wir nur aus Darstellungen anderer Autoren, deren oft ablehnende Haltung ar-Razi gegenüber befürchten lässt, dass vieles von seinen Gedanken nur verfälscht überliefert wurde.[3] Ar-Razis Philosophie bezieht sich von allem auf die griechischen Atomisten, also Demokrit und Epikur, und auf den *Timaios* des Platon, allerdings in der Zusammenfassung Galens. Die Kosmologie, Ethik und Religionskritik, die er daraus entwickelt, beziehen sich jeweils aufeinander und ergeben eine Art philosophisches System. Zunächst geht ar-Razi von fünf ewigen Prinzipien aus: Materie, Raum, Zeit, die universelle Seele und der Schöpfer. Al-Biruni fasst diesen Ansatz und seine Folgerung zusammen:

»Die fünf (ewigen Prinzipien) sind die notwendige Voraussetzung für alles, was existiert. Was in dem Existierenden durch die Sinne wahrgenommen wird, ist Hyle[4], die auf dem Wege der Zusammensetzung Form angenommen hat, und weil sie Raum einnimmt, muss es daher einen Raum geben. Die verschiedenen Zustände, die (die Materie) erlebt, hängen notwendig mit der Zeit zusammen, denn einige (der Zustände) sind früher, die anderen später. Und durch die Zeit weiß man vom Ewigsein und vom Entstandensein, und das Früher und Später und die Gleichzeitigkeit. Daher muss es (Zeit) geben. Im Existierenden gibt es Lebendes, also muss es die Seele geben, und unter ihnen (den Lebenden) solche, die Vernunft haben. Und die Schöpfung ist von höchster Vollendung, also gibt es notwendig einen weisen, wissenden und vervollkommnenden Schöpfer, der die Emanation der Vernunft aus ihm selbst zur Läuterung (der Menschen) verursacht.« (ar-Razi 1982, 195[5])

Wenn ar-Razi hier von »Hyle« spricht, dann scheint er der aristotelischen Materiekonzeption zu folgen. Aber in Wahrheit ist diese Materie immer »zusammengesetzt«, und zwar aus Atomen. Materie ist also nicht, wie Aristoteles annimmt, unendlich teilbar, sondern in ihren kleinsten Bestandteilen »atomos« (griech. unteilbar). Die göttliche Schöpfung besteht nun darin, diesen Atomen eine Ordnung zu geben und damit das materielle Universum zu schaffen. Während die

---

3   Eine arabische Ausgabe seiner wenigen überlieferten Werke und der späteren Berichte über seine Philosophie liegt seit 1939 unter dem Titel *Rasa'il Falsafiyya/Opera Philosophica* vor.

4   Hier steht »al-hayula«, also die Arabisierung des griechischen »hyle«, was nicht nur konkrete Materie, sondern seit Aristoteles eben auch das Formbare überhaupt bedeutet, also die Möglichkeit aller Form im Verhältnis zur Wirklichkeit.

5   Darin: al-Biruni, *Fi al-qudama' al-chamsa* (»Von den fünf ewigen Prinzipien«), 191–216.

Atome ewig sind, ist ihre Form ein Ergebnis des Schöpfungsaktes. Also ist auch die göttliche Schöpfung ein Akt in der Zeit. Hier schließt ar-Razi an Platons *Timaios* an: Dort fügt der mythische Demiurg, der Weltenschöpfer, den Kosmos zusammen, der ursprünglich als bloß materielle Wirklichkeit gestaltlos und unbeseelt war. Indem die Materie zum Ganzen verbunden wird, nimmt sie das »Unsichtbare« des Seins in sich auf, die Weltseele, die Ideen.[6]

Die Atomlehre und die daraus folgende Lehre von der erschaffenen materiellen Welt bestimmt das **Gottesbild von ar-Razi**. Gott als Weltenschöpfer ordnet die ihrerseits ewige atomare Struktur zu einem geordneten, sinnvollen Ganzen; er verleiht ihr die Seele, die reine Vernunft ist. Wäre er dazu durch eine Notwendigkeit gezwungen, wäre er nicht mehr Gott, sondern lediglich eine Ursache in der Zeit, die ihrerseits sowohl endlich als auch verursacht sein müsste. Daher muss Gott den Kosmos als geordnete Materie freiwillig erschaffen haben, und ar-Razi sieht diesen Schöpfungsakt als Ausdruck der Liebe und Güte Gottes an. Aus seiner Gnade heraus erweckt er die ungeordnete atomare Welt zum Leben, und diesem Leben gibt er durch die Emanation seines innersten Wesens zudem die Möglichkeit, sich im Menschen wiederum von der materiellen Form zu lösen und sich ihm zu verähnlichen. Die Vernunftfähigkeit des Menschen ist also Ausdruck der Liebe Gottes, und darin lehnt sich ar-Razi erneut an Platons *Timaios* (30a). Ar-Razi setzt die darin geschilderte Erschaffung der Welt fort, indem er sie als eine endliche charakterisiert. Das Ende der geschaffenen Welt ist der Augenblick, in dem die Seele in ihren ursprünglichen Zustand reiner Geistigkeit zurückkehrt, also »zu Gott kommt«. Deshalb ist es die Aufgabe der Menschen, sich durch die Philosophie zu vergeistigen und sich so von der Materie zu lösen.

Daraus ergibt sich die Frage, warum Gott überhaupt die materielle Existenz geschaffen hat, wenn doch die geistige, von der Materie befreite Seele die beste aller möglichen Zustände ist. Davon berichtet Abu Hatim ar-Razi (gest. 932) in einer Disputation, die zwischen ihm und Zakariyya ar-Razi stattgefunden haben soll (*al-Munazarat*, ar-Razi

---

6   Auch dieser Teil der Kosmologie des ar-Razi ist uns nur als Bericht aus zweiter Hand überliefert, nämlich in Nasir-i-Chusraws *Über die Seele und den Kosmos* (vgl. ar-Razi 1982, 282–290).

1982, 291–316). Danach war ar-Razis Antwort, dass Gott die Verbindung zwischen Seele und Materie wünschte, um der vernunftbegabten Seele die freie Wahl über ihr Schicksal zu ermöglichen. Denn eine Seele, die frei handelt, sei besser als eine, die gelenkt wird. Hier mündet ar-Razis Kosmologie in seine Ethik ein. Der Mensch ist ein beseeltes, vernunftbegabtes Wesen, und deshalb ist er auch ein freies Wesen. Er ist durch den göttlichen Schöpfungsakt aufgefordert, sich selbst seine Existenzform zu bestimmen. Er kann der bloß materiellen Sphäre verhaftet bleiben, dann wird er nicht zu seiner wahren Existenz kommen; er kann sich aber auch Kraft seiner Geistigkeit zu einer höheren Existenzform aufschwingen. Damit überwindet er den »Sündenfall« der Verbindung von Materie und Geist. Aber dieser Sündenfall liegt nicht, wie in biblischer und koranischer Sichtweise, *nach* der Schöpfung und beruht auf der Sünde des Menschen, sondern er ist im Schöpfungsakt Gottes selbst enthalten. Es ist so, als ob Gott seine eigene Sünde der Schöpfung der Welt dem Menschen zur Überwindung anheim stellt. Diese Überwindung vollzieht zwar wie im Neoplatonismus eine Aufwärtsbewegung, wendet sich also von der materiellen, irdischen Existenzform ab, aber sie ist im Unterschied zu diesem nicht von einer Verachtung für die materielle Existenz gekennzeichnet. In ar-Razis überlieferter Schrift *Die philosophische Lebensweise* (*as-sira al-falsafiyya*, ebd., 97–112) verteidigt er seine Orientierung am Ideal des Weisen, den er in Sokrates verkörpert sieht. Freilich ist dies der Sokrates der arabischen Überlieferung, also vermischt mit Charakteristika des Kynikers Diogenes von Sinope: Auch der Sokrates in ar-Razis und seiner Zeitgenossen Darstellung lebt in einer Tonne und zeitweise in der Wüste.[7] Doch diese asketische Lebensweise gibt er nach ar-Razis Ansicht auf, um sich der Philosophie zu widmen, die eben auch lebenspraktische Weisheit bedeutet. So heiratet Sokrates, zeugt Kinder, genießt köstliche Speisen und (in geringem Maß, wie es ausdrücklich heißt) Wein und kommt überdies seiner Verpflichtung als Bürger nach, indem er gegen die Feinde seiner Stadt kämpft. Reine Leibfeindlichkeit und Askese ist also nicht der Weg zu einer höheren geistigen Existenz, sondern die philosophi-

---

7 Sehr schön dargestellt ist dieses Bild in der Beschreibung des Sokrates durch den arabischen Mediziner und Gelehrten Ibn Djuldjul (944–994) aus Cordoba, vgl. Fleischhammer 1991, 139f.

sche Anstrengung, die sich zwar vom Körperlichen lösen will, aber nicht im Widerspruch zum Körper stehen darf, sondern einen Mittelweg einschlägt.

Dies deckt sich auch mit einer wichtigen Einsicht des Arztes ar-Razi in die Zusammenhänge von organischen und psychischem Leiden. Während Galen und mit ihm viele seiner mittelalterlichen Epigonen der Auffassung waren, dass die Verfassung der Psyche von der Gesundheit des Körpers abhängig ist, dreht ar-Razi diese Perspektive, gestützt auf klinische Beobachtungen, um: Die Psyche kann den Körper erkranken lassen oder ihm Symptome einer Krankheit bescheren, ohne dass eine eigentliche organische Erkrankung vorliegt. Damit kommt der Gedanke der psychosomatischen Erkrankung auf, und er wird von der arabisch-islamischen Medizin durchaus rezipiert. Die islamischen Ärzte bemühten sich, etwa durch eine möglichst exakte und umfassende Anamnese, auch den »seelischen« Ursachen von Krankheitsbildern auf die Spur zu kommen. Wesentlich wichtiger als die Abwendung vom Leiblichen ist für ar-Razi also die Hinwendung zum Geistigen. Für den »Weisen«, das Vorbild und Ideal ar-Razis, heißt dies eine Selbstverpflichtung zu »unbegrenzter Güte und dem Bemühen um den Fortschritt aller Menschen«: »Das Leben, so wie es die großen Philosophen der Vergangenheit geführt haben, kann mit wenigen Worten gezeichnet werden: es besteht darin, allen Menschen gegenüber gerecht zu sein.« (Zitiert nach Jockel 1981, 131) Als Vernunftwesen haben wir dazu die Freiheit, aber wir sind auch dazu aufgerufen, uns durch die Philosophie zu vervollkommnen. In jedem Falle, sowohl für die persönliche Erlösung als auch für das Führen eines gerechten und gütigen Lebens, ist die Vernunft das Medium. Ar-Razi sieht dabei auch die Anwendungsdimension des Vernunftgebrauchs und begreift sie als Teil des göttlichen Schöpfungsplanes:

»Der Schöpfer verlieh uns den Verstand, damit wir durch ihn jeden Fortschritt erreichen, den wir unserer Art nach und der nächsten Welt erlangen sollen. Er ist Gottes größte Gabe an uns, und nichts übertrifft ihn in der Sorge für unseren Fortschritt und Nutzen. [...] Durch den Verstand haben wir eigenartige und abseitsgelegene Dinge begriffen, die zuvor geheim und vor uns verborgen waren. Durch ihn erkannten wir die Oberfläche der Erde und des Himmels, die Maße der Sonne, des Mondes und der Sterne, ihre

Entfernungen und Bewegungen. Durch ihn haben wir sogar die Erkenntnis des Allmächtigen, unseres Schöpfers, erlangt, das Erhabenste was immer wir zu erlangen suchten und unsere vorteilhafteste Errungenschaft. […] Indem dies sein (des Verstandes) Wert und seine Stufe, seine Bewertung und Bedeutung ist, ziemt es uns, ihn nicht von seinem hohen Rang herabzubringen oder ihn auf irgend eine Weise zu erniedrigen. Vielmehr müssen wir ihn in allen Angelegenheiten zu Rate ziehen, ihn achten und uns auf ihn verlassen, indem wir unsere Angelegenheiten nach seinem Geheiß handhaben und sie zu Ende bringen, wie er es befiehlt.« (Ebd., 129ff.)

Nicht Gott oder das Gotteswort in einer Offenbarungsschrift ist also nach ar-Razi der für den Menschen relevante Maßstab, sondern das Urteil der eigenen autonomen Vernunft. Entsprechend kritisch, ja ablehnend steht ar-Razi den Offenbarungsreligionen gegenüber. Das Prophetentum ist seiner Meinung nach überflüssig, weil die Erlösung des Menschen nur Kraft seiner eigenen philosophischen, also geistigen Anstrengung zu erlangen ist. Dies ist allen Menschen möglich, und mit dieser egalitaristischen Ansicht unterscheidet sich ar-Razi deutlich von allen anderen arabisch-islamischen Philosophen, die fast unisono die Notwendigkeit des Prophetentums als Weisheitslehre für das einfache Volk behauptet haben, auch dann, wenn sie von der Überlegenheit einer philosophisch-vernünftigen Weltsicht ausgingen. Auch die Religion selbst wird von ar-Razi kritisch gesehen. Er weist darauf hin, dass ein gütiger und gerechter Gott niemals nur einem »auserwählten« Volk seine Botschaft übermittelt hätte. Wenn Judentum, Christentum und Islam jeweils ihre Exklusivität gegenüber einander behaupten, dann zeigt sich darin ein Irrglaube, der nur zu Konflikten und Kriegen führt. Entsprechend stehen die Propheten der jeweiligen Religionen unter dem Verdacht, sich aus Machtgier und Selbstüberschätzung nur als Gottesgesandte ausgegeben und so die Menschen verführt und in sinnlose Auseinandersetzungen getrieben zu haben. Die Rede von Moses, Jesus und Muhammad als *Von den drei Betrüger* (*De tribus impostoribus*), die sowohl im islamischen wie im christlichen Mittelalter die Runde machte, geht vielleicht direkt auf ar-Razi zurück, auch wenn kein entsprechendes Buch von ihm überliefert ist.[8] Selbst kritische und bedeutende Gelehrte der islamischen

---

8   Das lateinische Mittelalter wurde mit dieser Religionskritik wahrscheinlich durch
    den Hof des Stauferkaisers Friedrich II. bekannt, der in der ersten Hälfte des

Philosophie späterer Jahrhunderte äußern sich ar-Razi gegenüber mit kaum verhohlener Wut. Das legt nahe, dass seine Religionskritik tatsächlich grundsätzlich und radikal war. Al-Biruni bemerkt dazu:

»Hinsichtlich der Religion begnügte er sich in seiner Halsstarrigkeit nicht nur damit, sie zu vernachlässigen oder mit Stillschweigen zu übergehen, sondern er machte sich daran, sie als Werk der bösen Geister und der Teufel zu verunglimpfen. […] Die Bestätigung meiner Worte findet man am Ende seines Buches über das Prophetentum, wo er geringschätzig über die verdienstvollen Männer spricht, und eine solche Unverschämtheit ist unanständig.« (al-Biruni 1991, 146)

Für die Einschätzung der »klassischen« Phase der arabisch-islamischen Kultur ist dies insofern bedeutsam, als ar-Razi derart radikale Ansichten vertreten konnte, ohne in einen Konflikt mit den Vertretern der religiösen Orthodoxie oder der Staatsgewalt zu geraten. Dies zeugt erneut von dem außerordentlich liberalen geistigen Klima, das im mittelalterlichen Islam zumindest teilweise herrschte. Es wäre aber ein Missverständnis, ar-Razi einen atheistischen Standpunkt zu unterstellen. In Wahrheit ist seine Religionskritik selbst insofern religiös, als der gütige Schöpfergott nicht nur die materielle Welt in ihrer Verbindung mit Geist und Seele geschaffen hat, sondern durch seine Emanation den Menschen überhaupt erst zum Geistwesen werden lässt. Aber **ar-Razis Gott** ist **ein Philosophen-Gott**, und kein Gott der heiligen Bücher und religiösen Dogmen. Gerade durch dieses Gottesbild gilt für ar-Razi der Primat der Vernunft. Dies und seine häufige Betonung der Verpflichtung des Menschen zu gerechtem und gutem Handeln macht ar-Razi zu einem der großen Humanisten der mittelalterlichen Philosophie.

Ar-Razis **Religionskritik** war durchaus nicht so einzigartig für die arabisch-islamische Geistesgeschichte, wie dies europäische Schriften oft darstellen. Noch radikaler als er war der wahrscheinlich aus Persien stammende Ibn ar-Rawandi (gest. ca. 910). Er gehörte zunächst zum Kreis der Mu'tazila und war ein anerkannter und geach-

---

13. Jahrhunderts in engem Kontakt zur islamischen Welt stand und für seine Offenheit und Toleranz gegenüber dieser Kultur bekannt war. Die erste Erwähnung eines gleichnamigen Buches stammt von 1562, die erste erhaltene Druckfassung von 1688. Eine anonym verfasste französische Religionskritik von 1719 hat außer dem Titel nichts mit der arabischen Vorlage gemein.

teter Theologe. Doch scheinen die mu'tazilitischen Doktrinen seinen Wissensdurst nicht befriedigt und seine radikalen Fragen nicht beantwortet zu haben. Sein theologisch-philosophisches Bemühen mündete so in eine radikale Religionskritik, die nicht nur das Prophetentum als unnötig ansah, sondern darüber hinaus auch den Koran nicht als »Wunder« göttlicher Offenbarung, sondern als literarischen Versuch innerhalb der arabischen Kultur. Wunder waren für ihn überhaupt Sinnestäuschungen oder Betrug, und er lehnte alle religiösen Dogmen ab, die nicht durch die Vernunft begründet wurden – und das waren seiner Ansicht nach die meisten. Es ist kein Wunder, das ar-Rawandi für die gläubigen Muslime ein gefährlicher Ketzer war. Folgerichtig traf sein philosophisches Werk die Intoleranz und Kleingeisterei der nachfolgenden Zeit noch stärker als das ar-Razis: Wir kennen seine philosophischen Ansichten nur höchst ungenau aus Darstellungen Dritter, die durchweg polemisch und feindselig gehalten sind. Dadurch lässt sich über den Inhalt von ar-Rawandis Philosophie nichts Genaues sagen. Lediglich sein Ruf als radikaler Religionskritiker ist erhalten geblieben. Sehr viel exponierter als in der Philosophie ist die Religionskritik übrigens bei einigen Dichtern zu finden. Abu Nuwas (ca.753–ca.811) etwa war ein satirischer Spötter gegen jede Form von Dogmatismus und Sinnenfeindlichkeit. Berühmt sind seine Hymnen auf die Liebe und den Wein. Bei Abu al-Ala al-Ma'arri (975–1058) begegnet uns eine philosophische Gedankenlyrik, in der das Bild von den Propheten der Weltreligionen als den »drei Betrügern« verknüpft wird mit der Entlarvung der politischen Instrumentalisierung von Religion: »Diese verschiednen Glaubenssekten, die euch spalten/erfunden hat man sie, um den Mächtigen zu sichern die Gewalten.« (Zitiert nach Jockel 1981, 169)

4 Die großen Neoplatoniker des Ostens: al-Farabi und Ibn Sina

Am Ende des 9. Jahrhunderts tritt die arabisch-islamische Philosophie in eine neue Phase ein. Die Zeit der Übersetzungen war weitgehend abgeschlossen, und auf dieser Grundlage gewann die Philosophie ein eigenständiges Profil. Es ist geprägt von dem Bemühen, die Ergebnisse der Antikenrezeption zu systematisieren und mit den normativen Elementen der Religion zu einer Synthese zu bringen. Während die vorherige Philosophie eher bruchstückhaft, wenn auch im Einzelfall glänzend war und wie die sich formierende Religion den Eindruck des Suchens erweckt, ist die folgende Philosophie geprägt von einem einheitlichen Ausgangspunkt. Er nimmt die grundsätzliche Übereinstimmung des Denkens von Platon und Aristoteles an und findet sie im Neoplatonismus vorformuliert. Dessen These von der Herkunft der Welt aus dem Ur-Einen ist zugleich der Verbindungspunkt zur Offenbarungsreligion des Islam und ermöglicht die Einheit von philosophischer Erkenntnis durch die Vernunft und den als ewig begriffenen Wahrheiten der Religion. Damit aber setzt die Philosophie an die Stelle der traditionellen, autoritätsgeleiteten »Lebensweise« (arab. *sira*) des Propheten und seiner Anhänger als Vorbild und Maßstab für alle Gläubigen die individuelle Vervollkommnung des Menschen durch die Vernunft. Nicht umsonst nennt ar-Razi eine seiner Schriften *sira falsafiya*, die *Philosophische Lebensweise*. Damit setzt er sich auch bewusst ab vom Konzept eines gelungenen Lebens durch Befolgung religiöser Autorität und fordert stattdessen einen vernunftgeleiteten, individuellen Humanismus. Dies rief verstärkt die Kritik der Religionsgelehrten hervor, die sich als Sachwalter und Interpreten des »*sira*-Konzeptes« im Geiste der Offenbarungsreligion begriffen. Außerdem bediente sich die arabisch-islamische Philosophie der Gesamtheit der wissenschaftlichen Erkenntnisse ihrer Zeit, hat also eine fast enzyklopädische Breite und greift dabei auf einen Bestand an philosophischen und wissenschaftlichen Quellen zurück, der um ein vielfaches größer ist als im christlichen Europa. Philosophie und Wissenschaften entwickeln sich weiter im Rahmen von Bildungs- und Forschungsinstitutionen wie dem Bait alhikma und besonders dort, wo sie unter der Patronage mächtiger und wohlhabender Gönner stehen.

Aber die arabisch-islamische Philosophie ist auch eine Reaktion auf die Veränderungen ihrer Zeit. So ist der Versuch ihrer größten Vertreter, al-Farabi und Ibn Sina, aristotelische Philosophie neuplatonisch zu interpretieren und so die sich auftuende Kluft zwischen rationalem Denken und Offenbarungsglauben zu überbrücken, zumindest teilweise zu erklären mit dem veränderten gesellschaftlichen Klima in der islamischen Welt. Die »islamische« Welt schloss immer mehr Völkerschaften und Kulturen ein; sie erreicht eine Ausdehnung, die von Europa bis weit nach Asien und Afrika hinein reicht. Dadurch vermindert sich das arabische Element weiter. Andere Völker und ihre spezifischen Kulturen, obschon islamisiert, spielen zunehmend eine wichtige Rolle. Die zunehmende Bedeutung der islamischen Rechtsgelehrten, der Ulama, die aus den städtischen Eliten hervorgingen und mit diesen immer eng verbunden blieben, erklärt sich aus der Schwäche des Kalifenstaates. Die Zeit eines arabisch-islamischen Großreiches mit einen klar definierten Zentrum endete politisch, und an seine Stelle treten lokale Reiche. Auch die zunehmenden Wanderungsbewegungen der türkischen Völker, die das Reich von den Rändern her destabilisierten, trugen dazu bei. Außerdem machte die arabisch-islamische Welt einen sozio-ökonomischen Wandlungsprozess durch. Die aus der Abspaltung vom Bagdader Kalifat entstandenen Reiche stützten sich zumeist auf Militärlehen, also auf die Entlohnung der Soldaten und ihrer Anführer sowie des Verwaltungspersonals durch Übertragung von Lehensrechten in der Landwirtschaft. Dies schwächte den Stand der freien Bauern und beschleunigte zugleich die Umwandlung einer geld- und handelsorientierten städtischen Wirtschaft in ein Feudalwesen. Weitgehend löste eine agrarische Subsistenzwirtschaft die frühere Handels- und Manufakturwirtschaft ab und beendete damit eine Entwicklung, die Jahrhunderte später in Europa in den italienischen und flandrischen

Städten die Vorläufer der modernen bürgerlich-kapitalistischen Gesellschaft waren. Zwar gab es im islamischen Kontext immer wieder lokale Blütezeiten, die auch von ökonomischer Bedeutung waren, doch ist das Zeitalter insgesamt vom Beginn einer wirtschaftlichen, sozialen und politischen Krise geprägt, die ihren Niederschlag auch in den erschwerten Rahmenbedingungen für intellektuelle Debatten findet. Die zunehmende Herausbildung einer religiösen Orthodoxie und der wachsende gesellschaftliche Einfluss ihrer Vertreter engten den Freiraum für Wissenschaften und Philosophie zunehmend ein.

4.1 al-Farabi

Das Leben von Abu Nasr Muhammad ibn Tarchan ibn Awzalagh al-Farabi (ca. 870–ca. 951) spiegelt diese Entwicklungen wieder. Er stammte nicht mehr aus den Zentren der islamischen Welt, aus Bagdad oder zumindest aus dem alten Kulturland Persien, sondern aus der äußersten Peripherie des islamischen Herrschaftsgebietes. Geboren wurde er in Farab, das an den Ufern des Flusses Syr Darja nordwestlich von Taschkent im heutigen Kasachstan lag. Sein Vater war Offizier im Dienste der Samanidendynastie. Diese hatte hier die Turkstämme der Karluken und Ogusen angesiedelt und ihnen dafür die Aufgabe zugewiesen, das Land gegen Einfälle der Steppenvölker zu verteidigen. Al-Farabis Vater entstammte wahrscheinlich der einheimischen Turkbevölkerung und war der erste seiner Familie, der sich zum Islam bekannte. Al-Farabis Muttersprache war ein Turkdialekt, außerdem sprach er persisch. Das Arabische, die Hochsprache der islamischen Reiche und die Sprache der Philosophie und Wissenschaften, erlernte er erst später. Anfang des 10. Jahrhunderts kam al-Farabi nach Bagdad und Harran und wurde dort Schüler von christlichen Gelehrten wie Yuhanna ibn Hailan (gest. 910) und (nach einigen Quellen) Abu Bischr Matta Ibn Yunis (gest. 940). Außerdem wurde er zum Arzt ausgebildet, praktizierte in diesem Beruf aber im Gegensatz zu ar-Razi oder zu Ibn Sina nie. Er begriff die Medizin als »Handwerk« und deshalb nicht als Wissenschaft zur Erforschung der Wahrheit, zu der allein die reine Theorie befähigte. Das galt letztlich auch für die Musik; obwohl al-Farabi als erstklassiger Musiker galt, trat er auch hier mit seinem *Großen Buch über die Musik* als einer bedeutendsten Musiktheoretiker der islamischen Welt hervor, ohne aus seinen Fähigkeiten eine Profession zu machen. Insgesamt führte er in Bagdad ein bescheidenes und unauffälliges Leben – so unauffällig, dass keine zeitgenössische oder spätere Quelle viel darüber zu berichten weiß. Seinen Lebensunterhalt soll er etwa als Wächter eines Gartens verdient haben, weil er die Muße der nächtlichen Tätigkeit schätzte, um in Ruhe denken zu können. Solche Anekdoten förderten die Wahrnehmung von al-Farabi als einem weltabgewandten, bescheiden lebenden Weisen, der sich nicht in die gesellschaftlichen Auseinandersetzungen seiner Zeit hineinziehen ließ. In Wahrheit ist gerade al-Farabis Philosophie sehr viel deutlicher ein Spiegel der gesellschaftlichen Umbrüche als die vorangegangene Philosophie.

Im 10. Jahrhundert wurde erstmals ausgiebig diskutiert, was die griechische, also »fremde« Kultur eigentlich der islamischen geben kann und ob sie nicht eine Abwendung vom reinen Islam sei, der doch den Gipfelpunkt menschlicher Kultur darstellen soll. Dieses neue Interesse an der **»Reinheit« und »Unverfälschtheit« des Islam** ist eine Reaktion auf die anhaltende politische und soziale Krise des Kalifenstaates. Der Kalif war zur Marionette von Militärführern und Adelsgeschlechtern geworden und hatte damit seinen Anspruch auf die Führung der islamischen Gemeinschaft als Bewahrer des reinen Glaubens in den Augen der Muslime weitgehend verloren. Die »Rückkehr zu den Wurzeln« (nämlich einer unverfälschten Religiosität) als Grundlage zur Bewältigung einer gesellschaftlichen Krise ist seitdem eine Konstante der islamischen Geschichte geblieben. Im 10. Jahrhundert markiert sie den Übergang zwischen einer auch der philosophischen Spekulation offenen Wissenskultur und einer gesellschaftlich-politischen Reaktion, die die Philosophie zu marginalisieren drohte.

Es ist nicht verwunderlich, dass al-Farabi Bagdad verließ und sich andernorts die Protektion und den Schutz eines Herrschers suchte. Er fand sie in Aleppo bei Saif ad-Daula, einem Herrscher aus der arabischen Dynastie der Hamdaniden. Dieser versammelte in einer der Kunst und Philosophie aufgeschlossenen Atmosphäre einige der bedeutendsten Wissenschaftler und Dichter seiner Zeit um sich, zu denen auch al-Farabi gehörte. Als al-Farabi im Jahr 950 oder 951 starb, soll Saif ad-Daula auf seiner Beisetzung in Damaskus angeblich die Totenrede auf den Philosophen gehalten haben. Sicher ist jedoch,

dass die Vertreter der Ulama diesem Begräbnis demonstrativ fern-
blieben. Nach seinem Tod bildete sich etwas ähnliches wie eine
»Schule« der farabianischen Philosophie. Ihr gehörten vor allem arabische Christen an, die jeweils gesondert und mit eigenen Akzentset-
zungen al-Farabis Denken tradierten und weiterentwickelten. Dazu
gehörten Yahya ibn 'Adi (893–974), Abu Sulaiman as-Sidjistani
(913–988), Jusuf al-'Amiri (gest. 992) und Abu Haiyan at-Tauhidi
(um 925–1021). Sie setzten sich auf der Grundlage der Philosophie
al-Farabis mit Physik, Logik und Erkenntnis- bzw. Intellekttheorie
auseinander.

Die Verbindung von Metaphysik und politischer Ethik

Al-Farabis philosophisches Werk war eine direkte Reaktion auf die
Veränderungen seiner Zeit. Insofern kann er als der erste arabisch-
islamische Denker gelten, der **eine neoplatonische Weltinterpretation bewusst mit der Ausformulierung einer politischen Theorie
verbindet.** Metaphysik und ethisch-politische Theorie bilden bei ihm
eine Einheit und greifen ineinander, während sie bei seinen Vorgängern nebeneinander existierten und nicht systematisch verbunden
waren. Al-Farabi hat viel Schaffenskraft darauf verwendet, die griechischen Klassiker erneut zu sichten, und dazu scheint er selbst einige Neuübersetzungen angefertigt zu haben. Jedenfalls war ihm der
größte Teil der aristotelischen Schriften und immerhin die Mehrzahl
der platonischen Dialoge bekannt. In einem seiner Hauptwerke, *Die
Philosophie Platons und Aristoteles*, stellt er die beiden Klassiker in all
ihrer Unterschiedlichkeit dar, ohne den Versuch zu unternehmen, die
Unterschiede zwischen beiden zu harmonisieren. Aber im einleiten-
den Kapitel betont er nicht nur, dass beide Philosophen als gemein-
sames Ziel die Vervollkommnung des Menschen verfolgen, sondern
er präsentiert sein eigenes philosophisches System, das nun eine Brücke zwischen den beiden Vorbildern schlägt. Dabei spielt eine wichtige Rolle, dass al-Farabi jenen Auszug aus Plotins *Enneaden* (IV–VI),
der im Mittelalter als *Theologie des Aristoteles* bekannt war, ebenfalls
Aristoteles selbst zuschrieb. Dadurch wird die systematische Einheit
der farabianischen Philosophie erleichtert: die Kosmologie, die im

Makrokosmos die Weltordnung darstellt; die Intellekttheorie, durch die diese Weltordnung auch als erkennbare bewiesen wird; und die politische Theorie, die die Vollkommenheit dieser Weltordnung in die Möglichkeiten menschlicher Gemeinschaft überträgt. Für al-Farabi stehen Metaphysik, Kosmologie, Erkenntnistheorie und Politik in engem Zusammenhang. Der Ausgangspunkt ist die aristotelische Definition der Metaphysik als Erkenntnis des Seienden. Das wirkliche Sein der Dinge, also ihre objektive Natur zu erkennen, ist die Aufgabe wie die Möglichkeit des Menschen. Dies bedeutet, dass die Erkenntnis des Seienden auch die Möglichkeit der Orientierung für den Menschen beinhaltet, und im Umkehrschluss heißt das nichts anderes, als dass der irrende oder in Unkenntnis handelnde Mensch immer ein schlechter Führer und Ratgeber der Gemeinschaft sein wird. Die Vervollkommnung der eigenen Erkenntnis, die Beherrschung des Vernunftgebrauchs, ist also die Voraussetzung für eine gelungene Gesellschaftsordnung. So entsteht die Theorie vom »guten Staat« aus einer Theorie der Erkenntnis des Wahren, und umgekehrt stellt politische Theorie als Staatstheorie die Vollendung von Metaphysik dar. Die politische Philosophie al-Farabis hat also den Anspruch, theoretische und praktische Philosophie nicht nur zu verbinden, sondern zu überschreiten. Dies wird in drei seiner wichtigsten Schriften deutlich: dem *kitab tahsil al-sa'ada* (Buch über die Erlangung der Glückseligkeit), *ara' ahl al-madina al-fadila* (Ansichten der Bürger der tugendhaften Stadt, *madina* abgekürzt) und *al-siyasa al-madaniyya* (Über die Staatsleitung, *siyasa* abgekürzt).

Wenn für al-Farabi die politische Ordnung rational gestaltbar ist, dann deshalb, weil die Welt selbst eine Ordnung hat, die der Ratio zugänglich ist. Diese Ordnung basiert auf der Vorstellung eines geozentrischen Weltbildes, bei dem sich die himmlischen Sphären (Mond, Sonne, Planeten) auf festen Bahnen um den Erdtrabanten drehen. Aristoteles hatte behauptet, dass die Bewegung der Sphären von Bewegern ausgehe, die von den muslimischen Philosophen dann »Intelligenzen« genannt wurden. Al-Farabi vereinfacht diese Kosmologie, indem er deren neoplatonische Interpretation übernimmt: Die erste Bewegung geht vom ersten Beweger aus, dem »Ur-Einen« Plotins, und dies ist Gott. Aus Gott, der reiner Geist, also Intellekt ist, »strömt« (emaniert) der Geist auf die nächste Sphäre, um auch dort wieder auf die nächste Sphäre zu emanieren. Aber dabei ist dieser Intellekt immer derselbe; die absolute Vernunft Gottes unterscheidet sich von der menschliche Vernunft nicht substantiell, sondern nur aktuell. Während nämlich die göttliche Seele zu jeder Zeit reiner Geist ist, muss die menschliche Seele um ihre Vernünftigkeit ringen. Indem sich die menschliche Vernunft »aktualisiert« und fähig wird, die Ordnung der Welt und damit auch sich selbst zu erkennen, löst sie sich von ihrer bloßen materiellen Existenz und gelangt zu einem Leben in Kontemplation und Weisheit. Dabei sind zwei Besonderheiten zu beachten, die al-Farabi dem plotinischen Emanationsschema hinzufügt: Der Emanationsprozess steigt zwar von der reinen Geist-Seele zu den niedrigeren Sphären »hinab«, aber dieser Geist, dieser Intellekt könnte sich ohne die materielle Existenz gar nicht konkretisieren. Al-Farabi sagt in seiner Schrift *Über den Intellekt*, dass »der tätige Intellekt keineswegs für das Prinzip aller vorhandenen Dinge gelten kann, denn er bedarf ja zu seiner Aktion einmal, dass ein Stoff da sei und dann, dass ein Hindernis fehle, und somit liegen in seiner Natur nicht genug Kräfte vor, um alle Dinge zu vollendeten zu machen« (al-Farabi 1892, 78). Also muss der erste Beweger als erste Ursache zwei Prinzipien in sich vereinigen: eben nicht nur Geist-Seele, reiner Intellekt zu sein, sondern auch das Prinzip des Stofflichen in sich zu enthalten. Die erste Ursache, die Gott ist, ist also nicht etwas nur Geistiges, das nichts mit einer Materie zu tun, die ja noch bei al-Kindi das Sinnbild des Bösen, des Nicht-Geistigen war.

Die zweite Besonderheit al-Farabis betrifft das Verhältnis des Menschen und seines Intellektes zum absoluten, göttlichen Intellekt. Das neoplatonische Emanationsschema ging immer davon aus, das die Emanation des Ur-Einen (Gottes) zu niedrigeren Stufen hinabgeht, an dessen Ende der Mensch mit seinem Intellekt stand. Daraus konnte man die Superiorität und Vollkommenheit des göttlichen Intellekts ableiten. Al-Farabi dreht diese Beweisführung nun um. Der Emanationsprozess stellt keine Verminderung des Intellekts von Stufe zu Stufe dar, sondern eine jeder Stufe und jeder Seinsform adäquate Zuschreibung: »Es ordnet sich von ihm aus das Vorhandene und kommt einem jeden desselben sein richtiger Teil vom Sein, je nach seiner Stufe zu. Ferner ist er gerecht und es liegt seine Gerechtigkeit schon in seiner Substanz« (al-Farabi 1985, 26). Weil der

Emanationsprozess mit Gerechtigkeit und Liebe von Gott gestaltet ist, erklärt sich die einzigartige Stellung des menschlichen Intellekts. Dieser nämlich kommt jedem Menschen »schon von Natur, von Anfang an« zu und ist seinem Wesen nach bereit, »dass er die Grundzüge des Intelligiblen annehme« (ebd., 69). Das Intelligible aber ist das rein Geistige, und damit kommt der menschliche Intellekt dem reinen Geist der Ur-Einen, des Göttlichen insofern nahe, als er es erkennen kann, auch wenn er im Unterschied zu diesem kein Sein erschafft (emaniert). Diese Fähigkeit der Vernunft kommt im Prinzip jedem Menschen zu, aber nur die Philosophie stellt auch die tatsächlich höchste Stufe der Erkenntnis dar. Ist ein Philosoph zugleich auch ein Prophet, dann kann er die philosophischen Erkenntnisse, die durch die Vernunft gewonnen wurden, mit der imaginativen Fähigkeit verbinden, durch Gleichnisse, Analogien und Symbole die Vernunfterkenntnisse auch denen mitzuteilen, die keine Philosophen sind. Genau dies aber ist Offenbarung: Sie ist die rhetorisch vermittelte Vernunftserkenntnis. Al-Farabi schreibt in der *madina*:

»Findet der schaffende Intellekt in den beiden Teilen seiner Denkkraft, nämlich dem theoretischen und dem praktischen statt, dann aber auch in seiner Vorstellungskraft, so ist dieser Mensch einer, der Offenbarung empfängt, und es ist Gott der Herrliche, der Erhabene, der ihm Offenbarung spendet, und zwar vermittelst des schaffenden Intellekts. [...] Dann wird der Mensch durch das Emanieren aus jenem Passiv-Intellekt ein Weiser, ein Philosoph, ein der Vollendung anhängender, durch das aber, was von ihm auf seine Vorstellungskraft emanierte, ein Prophet, ein Warner vor dem, was kommen wird, und ein Verkünder davon, wie sich zur Zeit die Teildinge im Sein verhalten. Er ist ja in einem Sein, in welchem er das Göttliche denken kann.« (Ebd., 93)

Die göttliche Botschaft der Offenbarung ist also ihrem Gehalt nach nichts anderes als die Vernunfterkenntnis, zu der die Philosophie gelangt. Das bedeutet, dass die geoffenbarte Religion nichts anderes enthält als die Philosophie, nur dass Offenbarung die reine Vernunft auch den Nicht-Philosophen zugänglich macht. Zugleich behauptet al-Farabi eine Analogie zwischen den verschiedenen Arten der Vernunfterkenntnis beim Menschen und den Formen des Intellekts, die durch göttliche Emanation auf den Kosmos wirken. Insofern ist der

Mensch ein »kleines Universum« (Marmura), in dem sich die Harmonie und Rationalität des Kosmos wiederfindet.

Der ideale Staat und die Philosophen

Ganz folgerichtig muss sich die Harmonie der vernünftigen Welt auch im Zusammenleben der Menschen widerspiegeln, also im Staat. Jeder einzelne Mensch, von Gott mit der Vernunft ausgestattet, sollte sich darum bemühen, die Sphäre des »aktuell Intelligiblen«, also der reinen Vernunft zu erlangen, denn genau hier ist auch die Sphäre der reinen Freiheit, Selbstbestimmung und des höchstmöglichen Glücks. Das ist in al-Farabis Denken auch ganz folgerichtig, weil die reine Vernunft die Vernunft Gottes ist, und was könnte freier und glücklicher sein als Gott. Aber die Menschen haben unterschiedliche Fähigkeiten, und so ist es ein Gedanke der praktischen Vernunft, sich als Gesellschaftswesen zu begreifen. Wie Aristoteles sieht al-Farabi den **Menschen als *zoon politikon*:** Er wählt die Gemeinschaft, weil dies vernünftig ist. Zugleich bedeutet Vernunft immer die Erkenntnis des Wahren, und dies kann für al-Farabi nur die Erkenntnis der Seinsordnung sein. Die »gute« Ordnung der menschlichen Gemeinschaft bildet also die »gute« Ordnung des Kosmos nach. So imitiert der ideale Staat die Struktur des Universums. Diese aber ist hierarchisch: Das Ur-Eine, also das Göttliche, steht an ihrer Spitze, und nur durch seine Emanation können die Potentiale der einzelnen Stufen aktualisiert werden. Genauso begreift al-Farabi die politische Ordnung im Staat. An seiner Spitze steht ein Philosophen-König (arab. Ra'is, also Oberhaupt, Leiter), der zugleich auch ein Prophet ist, denn nur so ist gewährleistet, dass der Herrscher allein den Vernunfterkenntnissen folgt und diese in einer Form weitergeben kann, die auch den Nicht-Philosophen verständlich ist.

Religion und Philosophie bilden also keine Gegensätze oder konträren Weltinterpretationen, sondern meinen letzlich dasselbe, und so kann al-Farabi den Führer des Staates sowohl einmal »Philosoph« als auch »Imam«, also religiöser Führer nennen. Dabei lässt al-Farabi keinen Zweifel daran, dass Religion und Prophetie nur Nachahmung der philosophischen, also vernünftigen Erkenntnisse sind, und zwar in symbolischen, vereinfachenden Darstellungsweisen. Weil sich dies in einer rhetorischen Sprache vermittelt, die von Kultur zu Kultur unterschiedlich ist, entstehen auch die unterschiedlichen Religionen. Bemerkenswert daran ist nun nicht, dass alle Religionen vermutlich dieselben Kerngedanken in nur unterschiedlicher Symbolik enthalten, sondern dass eine jede Religion nur der symbolische Ausdruck einer originär durch die Philosophie vermittelten Vernunftordnung ist. Al-Farabi beharrt also auf dem Primat der Vernunft vor den Glaubenswahrheiten, zwar nicht im inhaltlichen Sinn – denn Philosophie und Religion behandeln identische Wahrheiten –, aber durchaus im epistemologischen: Weil die Ordnung der Welt reine Vernunft ist, ist ihre adäquate Erkenntnis nur durch Vernunft möglich. Von hier erklärt sich die Rede von der **»Doppelten Wahrheit«**, die sowohl Teilen der islamischen wie der mittelalterlich-christlichen Philosophie zugeschrieben wird.

Ursprünglich wird mit dem Begriff der »Doppelten Wahrheit« gerade die Unterscheidung zwischen philosophischen und einem theologischen Standpunkt ausgedrückt. Was die Philosophie nämlich als »wahr« erkannt zu haben glaubt, kann von einem theologischen Standpunkt aus durchaus falsch sein (und umgekehrt). Für al-Farabi und auch für die nachfolgenden großen Philosophen der islamischen Kultur gilt das eben nicht: Der Standpunkt des Glaubens und der der Philosophie können sich nie widersprechen, aber die Philosophie hat dabei den Vorzug, denn sie liefert nachvollziehbare Argumente, wo sich die religiöse Wahrheit hinter Chiffren und Symbolen verbirgt. Das Oberhaupt eines tugendhaften Staates muss deshalb zuerst Philosoph sein, um dann als Prophet die Wahrheit vermitteln zu können.

Für al-Farabi vereinigt der Führer des Staates alle Tugenden in sich: die theoretische, die ihren Ausdruck in der wissenschaftlichen Erkenntnis der Welt findet; die geistige, die die Umsetzung der wissenschaftliche Erkenntnis in Handlungen ermöglicht; die moralische, die den Ra'is befähigt, sein eigenes Leben und Streben ausschließlich an Kategorien der Ethikzuorientieren; und schließlich die praktische Tugend, die seine Herrschaft nicht nur gerecht und weise, sondern eben auch erzieherisch für die Mitglieder des Staatswesens macht. Dass ein solcher Ra'is, das Ideal eines Weisen, schwer zu finden ist, weiß auch al-Farabi. Deshalb empfiehlt er, die Führung des Staates im Zweifelsfall lieber vielen zu überlassen, als einen unfähigen Herrscher einzusetzen:

»Findet sich nun nicht ein Mann, in dem alle diese Bedingungen erfüllt sind, gibt es aber deren zwei, von denen der eine weise ist, während im zweiten die übrigen Bedingungen erfüllt sind, so sind sie beide in dieser Stadt Führer. Sind aber diese Bedingungen nur zerstreut in einer Menge zu finden, [], so bilden sie zusammen die vorzüglichen Führer.« (al-Farabi 1985, 97)

Dass damit keineswegs eine demokratische Ordnung gemeint ist, erläutert al-Farabi im Zusammenhang mit den nichttugendhaften Staaten. Zu diesen zählt er ausdrücklich despotische Herrschaft und Demokratie. In der Despotie haben die Interessen eines einzelnen Menschen absolute Geltung, obwohl er nur an seinem privaten Vorteil interessiert ist und weder über philosophische Erkenntnis noch über prophetische Gaben verfügt. In einer Demokratie dagegen streben die Bewohner nur danach frei zu sein, so dass »ein jeder tut, was er will« (ebd., 99) und damit den Bestand der Gemeinschaft gefährdet. Aber auch die Herrschaft von falschen Propheten, die Verwechslung von Tugend mit materiellem Erfolg oder Kriegstreiberei und Ruhmsucht sind Beispiele für »Torheits- und Frevelstaaten«. Al-Farabis Staatskonzeption weist auch Unterschiede zu den antiken Vorbildern auf. So hatte Platon seine Idee von Staat an das Vorbild der griechischen Polis angelehnt; er ging also immer vom Modell eines deutlich begrenzten Stadtstaates aus. Zwar spricht auch al-Farabi von der »madina«, dem arabischen Wort für Stadt, aber ihm schwebt dabei die Vereinigung aller Städte zu einem größeren Ganzen vor. Vollkommenheit ist für die Bewohner nur möglich, wenn »viele Gemeinschaften« sich vereinigen, und so taucht folgerichtig die Umma als die »tugendhafte Gemeinschaft« auf (ebd., 54). Was hier wie ein Rückgriff auf die Ideale der islamischen Frühzeit und damit auf die normative Kraft der Religion aussieht, kann eher interpretiert werden als ein Reflex auf die Krise der islamischen Welt zu al-Farabis Zeit. Der Zerfall des Großreiches in sich bekriegende Teilstaaten schien wie ein Beleg für die These, dass sich eine tugendhafte Gesellschaft nur im größeren Zusammenhang verwirklichen lässt. Nimmt man dazu al-Farabis strikten Rationalismus, kann der Begriff der »umma al-fadila« bei ihm nicht mit der »tugendhaften Gemeinschaft der Gläubigen«, sondern mit der »tugendhaften Gemeinschaft« des

Philosophenstaates gleichgesetzt werden. Aber im Gegensatz zu Platon sieht er diese nur durch den gegenseitigen Beistand aller an Tugendhaftigkeit orientierten Gemeinwesen garantiert, also letztlich in einem umfassenden Weltstaat.

Wirkungsgeschichte des farabianischen Staatsideal

Interessanterweise lag die Wirkung al-Farabis weniger in seiner politischen Theorie als vielmehr in der Verbindung von Metaphysik/Kosmologie und Lebenspraxis. Indem er die geistige Vervollkommnung als das Ziel menschlichen Strebens begriff, aber zugleich den aktiven Intellekt der kosmologischen Ordnung an die materielle Welt band, verlieh er dem abstrakten Emanationsschema etwas Lebendiges und Sinnhaftes. Wenn ein Staat nur so gut sein kann, wie es den Bürgern gelingt, Anteil an einer Vergeistigung ihrer Existenz zu haben, dann ist das Streben nach Weisheit nicht nur Abglanz der kosmischen Gottesordnung, nicht nur moralische Vervollkommnung des jeweiligen Individuums, sondern konkrete Verbesserung der Lebenswelt. In der *madina* und der *siyasa* widmet sich al-Farabi auch der eschatologischen Sicht seines Staatskonzeptes. Wenn es um die »letzten Dinge«, um Ziel und Zweck des menschlichen Lebens geht, dann besteht für den Menschen, der in einem tugendhaften Staat lebt, die Möglichkeit, sich soweit zu vergeistigen, eine so moralische Existenz zu führen, dass sich nach seinem Tode die Seelen vom Körper trennt, um in einer ewigen geistigen Seligkeit zu leben. Die Bürger eines unmoralischen Staates haben diese Möglichkeit nicht, und sie sind nach dem Tod zu ewiger Qual verdammt. Die Bürger von Staaten, in denen Unwissenheit herrscht, können für ihr Versagen jedoch nicht verantwortlich gemacht werden. Sie sind Teil des ewigen Prozesses des Entstehens und Vergehens oder gelangen auch zur Seligkeit, wenn sie sich eine moralische Existenz gewünscht haben, diese aber unter den Bedingungen ihres Staates nicht leben konnten. Es sind solche Gedanken in ihrer Verbindung mit al-Farabis Kosmologie, die wiederum Einfluss auf die innerislamischen Debatten nahmen.

Die Spaltung des Islam in eine sunnitische Mehrheit und eine schiitische Minderheit war zu al-Farabis Lebzeiten bereits vollzogen. Zudem bildeten sich innerhalb dieser beiden Gruppierungen weitere Untergruppen heraus, besonders innerhalb der Schiiten. Eine davon waren die Isma'iliten, die vor allem in Beziehung mit der Fatimidendynastie in Tunesien standen und unter dieser im 11. und 12. Jahrhundert auch in Ägypten und Syrien zeitweise vorherrschend wurden.

Es wird vermutet, dass schon al-Farabis Förderer Saif ad-Daula dem isma'ilitischen Schiismus anhing. Möglicherweise ergaben sich von hier Einflüsse auf seine Philosophie. Da allerdings die meisten seiner Werke schon in seiner Zeit in Bagdad entstanden waren, verhielt es sich wohl eher umgekehrt: Die Isma'iliten nahmen Elemente der farabianischen Kosmologie und Eschatologie auf. Das war folgerichtig, denn der Schiismus allgemein und die Isma'iliten im Besonderen zeichnen sich durch ihre Vorstellungen von Erlösung und Vervollkommnung als Ziel der Weltordnung aus. Man hat in diesem Zusammenhang oft auf die Verwandtschaft zwischen schiitischem Islam und Christentum hingewiesen, aber mindestens ebenso wichtig ist die Verbindung zu gnostischen und neoplatonischen Vorstellungen aus der Spätantike. Die Isma'iliten teilten mit den neoplatonischen Philosophen die Überzeugung, dass die Erlösung des Menschen von seiner Vervollkommnung abhängig sei, wobei sie allerdings die menschliche Vernunft als begrenzt ansahen und damit auf die Anleitung durch einen Propheten oder Imam angewiesen. Trotzdem bemühten sich isma'ilitische Denker, die Ordnung der Welt rational nachzuvollziehen. Dabei ist eine verblüffende Übereinstimmung mit dem Emanationsschema festzustellen; die Isma'iliten folgten der neoplatonischen Kosmologie, wie sie etwa bei al-Farabi dargestellt ist. Die »Brücke zwischen Philosophie und Religion« (HI, 226), die damit geschlagen wird, betrifft auch die Stellung des Imam und der Gläubigen: Ersterer ist die Vermittlung zwischen dem ersten Intellekt, der der Prophet ist, und den Menschen, die als beseelte Wesen der höheren, rein geistigen Ebene angehören, und zugleich in die unreine Welt des Werdens und Vergehens verstrickt sind. Löst sich der Mensch durch Weisheit von der materiellen Welt, dann erreicht er den Zustand der ewigen Seligkeit. Die isma'ilitische Eschatologie begriff das Paradies, das im Koran und den Hadithen so farbenprächtig und lebensvoll beschrieben wird, nur noch symbolisch, nämlich als Vergeistigung.

Die »Lauteren Brüder von Basra«

Vergeistigung bedeutet ganz praktisch auch die Aufnahme von Wissen, und folgerichtig waren die schiitischen »Sekten« gegenüber Philosophie und Wissenschaften viel offener als etwa die Ulama, die sunnitischen Religionsgelehrten. Die Durchdringung von neoplatonischer und antiker Philosophie und Naturwissenschaft mit religiösen und eschatologischen Vorstellungen ist ein typisches Merkmal für die schiitisch-islamische Kultur dieser Zeit. Sie wird deutlich am Phänomen der so genannten »Lauteren Brüder von Basra« (*Ichwan as-safa'*). Dabei handelt es sich um einen Kreis von Philosophen und Naturwissenschaftlern, die gegen Ende des 10. Jahrhunderts in der südirakischen Stadt Basra lebten und wahrscheinlich sämtlich dem isma'ilitischen Bekenntnis folgten. Ihr berühmtes »Sendschreiben« (*rasa'il*) enthält eine beeindruckende Darstellung von Philosophie (einschließlich Logik und Ethik), von Mathematik und Physik, von Kosmologie und Intellektlehre. Dies alles mischt sich mit esoterischen Inhalten der Alchemie, Astrologie und Magie, hinzu kommt die Darstellung der schiitischen (isma'ilitischen) Imamatslehre und die Eschatologie. Ziel war vielleicht weniger die enzyklopädische Vermittlung von Wissen, denn in vielen Teilen ist die Darstellung der wissenschaftlichen Erkenntnisse oberflächlich und von esoterischen Gedanken verfälscht. Vielmehr scheint es den Ichwan um die praktische Vermittlung der farabianischen und neoplatonischen Vorstellung gegangen zu sein, nach der der Weg zur Erlösung über die Erkenntnis und die philosophische Einsicht führt. Es ging also um die Vermittlung von Weisheit nicht als Selbstzweck, sondern als Anleitung zur Erlangung von Seligkeit und zur Vermittlung eines Heilsweges. Dazu gehörte auch die gerade bei den Isma'iliten verbreitete Vorstellung, dass die positive Religion, einschließlich des Islam, nur im Besitz einer relativen Wahrheit sei, deren tieferer Kern in der Erlangung einer geistigen Existenz und damit einer Loslösung von allen Zwängen und Irrungen des materiellen Lebens liegt. Insofern

war das »Sendschreiben« weniger Ausdruck einer spezifisch isma'ilitischen Haltung, als vielmehr eine Traditionslinie, die seit der Antike
eschatologischen Erlösungsglauben mit philosophischen und kosmologischen Vorstellungen verband. Aus dem Umkreis dieser Vorstellungen haben sich übrigens auch die islamischen »Sekten« der schiitischen Zaiditen, der Drusen und der Alawiten (Nusayriten) entwickelt.

4.2 Ibn Sina (Avicenna)

Der Zerfall des Kalifats von Bagdad hatte auch im Osten die Entstehung autonomer Staaten zur Folge, die nun umgekehrt machtpoli-
tisch auf die arabischen Länder ausgriffen und zugleich ihrerseits
diese kulturell beeinflussten. Al-Farabis Vorstellungen vom Staat waren sicher folgerichtig innerhalb seiner neoplatonischen Kosmologie
und Eschatologie, aber sie waren zugleich eine Reaktion auf den Zerfall einer gesicherten Welt und Ausdruck der Hoffnung auf die Überwindung einer gesellschaftlichen Krise. Al-Farabis Utopie einer Gesellschaft war dabei orientiert an einer Überwindung des Weltlichen,
die an der Realität ansetzen sollte und strikt an die Vernunft des
Menschen gebunden war. Ibn Sina als der nächste große Philosoph
der islamischen Welt behielt die Grundgedanken der farabianischen
Philosophie bei, setzte aber andere Akzente. Sein Denken ist einerseits mehr an der Wirklichkeit menschlichen Lebens orientiert, aber
zugleich (oder vielleicht gerade deswegen) ist der Weg des menschlichen Intellekts aus der Verstrickungen der materiellen Welt nicht nur
eine Sache der Rationalität, sondern zugleich eine der Spiritualität.
Wenn Ibn Sina schreibt, dass es der »Zweck der Philosophie ist, die
wahre Natur aller Dinge in dem Ausmaß zu erkennen, in welchem
der Mensch des Erkennens fähig ist« (Watt/Marmura 1985, 320),
dann ist das zugleich eine Apologie der Vernunftserkenntnis wie ein
Hinweis auf Ibn Sinas Überzeugung, dass die **»Aneignung der
Weisheit« nicht allein in rationaler Philosophie besteht.**

Ibn Sinas Leben

Abu Ali al-Husayn Ibn Abddallah Ibn Sina wurde 980 in der Nähe
von Buchara im heutigen Usbekistan geboren. In Buchara herrschte
die Dynastie der Samaniden, die dem Land eine Phase ökonomischer
und kultureller Blüte brachten. Ibn Sinas Vater, ein höherer Beamter,
scheint wohlhabend genug gewesen zu sein, um seinem Sohn eine
umfassende Ausbildung bei Privatlehrern zu ermöglichen. Dabei trat
die außergewöhnliche Begabung des Kindes hervor: Schon mit zehn
Jahren kannte er neben dem Koran und den Hadithen viele wichtige
Werke der Literatur und Wissenschaft. Wenn das Leben al-Farabis
dargestellt wird als das eines weltabgewandten Weisen, so liegt die
Mystifikation in Ibn Sinas Biographie in der Betonung seines Genies,
hinter der der reale Mensch zu verschwinden droht. Wahre Wunder-
dinge sind zu lesen über seine umfassenden Kenntnisse, seinen Wis-
senshunger und seine Fähigkeit, sich als Autodidakt auch schwierigste
Themen zu erarbeiten. Am Mythos des Wunderkindes und Univer-
salgenies hat Ibn Sina selbst mitgewirkt. Sich seines eigenen Wertes
und seiner Stellung wohl bewusst, verfasste er eine Autobiographie,
in der er gebührend auf seine außergewöhnlichen Begabungen hin-
weist. An einer Aufgabe allerdings scheiterte nach eigenem Bekunden
auch er: Die aristotelischen Metaphysik, obwohl er behauptete, sie
auswendig zu können, blieb ihm ein völliges Rätsel bis zu dem Tag,
an dem er die Kommentierung al-Farabis las. Al-Farabi trug nicht
umsonst schon zu Lebzeiten den Titel des »Zweiten Lehrers«; nach
Aristoteles (dem »ersten Lehrer«) galt er als Vermittler der antiken
Philosophie schlechthin und als deren Vollender. Auf Ibn Sina
machte die farabianische Philosophie einen starken Eindruck, und er
versuchte sie mit seinen naturwissenschaftlichen und medizinischen
Kenntnissen zu verbinden.

Aus seiner Jugendzeit her rührt auch die enge Freundschaft mit
dem sieben Jahre älteren **Universalgelehrten al-Biruni** (973–1048);
der Briefwechsel zwischen ihnen über Fragen der Physik, der Astronomie und Kosmologie ist ein großartiges Dokument der Universal-
geschichte der Wissenschaften. In ihm wird auch eine Art von dia-
lektischer Spannung deutlich, die für Ibn Sinas Denken so wichtig ist:
Al-Biruni ist an den Ergebnissen und der Interpretation empirischer

Wissenschaft interessiert und bleibt skeptisch gegenüber der Verteidigung aristotelischen Denkens, wie Ibn Sina sie vertritt, vor allem aber gegenüber den neoplatonischen Spekulationen des Philosophen. Damit ist al-Biruni näher an den Ergebnissen moderner Wissenschaft als Ibn Sina, aber zugleich auch an den Positionen der religiösen Orthodoxie, während Ibn Sinas Denken zwar naturwissenschaftlich fehlerhaft bleibt, aber dafür als philosophische Spekulation, vor allem in ihrem neoplatonischen Charakter, weitaus radikaler ist. Dadurch eröffnet Ibn Sinas Denken neue Perspektiven nicht nur hinsichtlich des erkenntnistheoretischen Subjekts, sondern auch für den Menschen in seiner Stellung zur Weltordnung und zu Gott. So weist etwa al-Biruni darauf hin, dass sich aus der Beschaffenheit der Gebirge auf die Tatsache schließen lässt, dass sie entstanden sind, und deshalb die entsprechende Auffassung in Aristoteles' Schrift *Vom Himmel* (*De Caelo*) über die Ewigkeit der Welt ein Irrtum sein müsse. So richtig dies ist, so fragwürdig ist die implizierte Schlussfolgerung, dass nämlich mit dem Gewordensein der Erdoberfläche auf die göttliche Schöpfung geschlossen werden könne. Entsprechend gereizt reagiert Ibn Sina: »Wie du übrigens wissen solltest, hat Aristoteles mit seiner Behauptung, dass die Welt keinen Anfang habe, keineswegs gemeint, dass sie keinen Schöpfer habe, vielmehr möchte er ihren Schöpfer davon freisprechen, jemals untätig gewesen zu sein.« (In: al-Biruni 1991, 50) Die Ewigkeit der Welt ist also kein Widerspruch zur Existenz Gottes, sondern vielmehr ein Hinweis darauf, dass Gottes Sein essentiell ist, während dies von der Welt nicht gesagt werden kann. Um Gott beweisen zu können, bedarf es mehr als nur des Hinweises auf die Existenz der Welt.

Ibn Sinas Berühmtheit rührte in erster Linie von seinem Ruhm als Arzt, weniger als philosophischer Lehrer her. Sein Ruf verbreitete sich auch deshalb, weil er an vielen verschiedenen Orten wirkte. Grund dafür war seine Verstrickung in die politischen Konflikte seiner Zeit. Politik war für ihn weniger als für al-Farabi von theoretischem Interesse, sondern von praktischem: Mit Ibn Sina stoßen wir auf einen Philosophen, der die Nähe zur Macht suchte. Sein Ruf als hervorragender Denker und Analytiker, sein umfassendes Wissen und seine große Begabung als Arzt machten ihn für viele Potentaten seiner Zeit zum idealen Berater und Leibarzt. Viele Jahre seines Lebens verbrachte er an verschiedenen Fürstenhöfen als Wezir, Berater und Leibarzt, immer wieder in Ränke der Macht verstrickt, die ihn zu Flucht und Exil zwangen, um dann wieder in der Gunst eines anderen Fürsten aufzusteigen. So ist Ibn Sinas Leben auch ein Spiegelbild der Geschichte seiner Zeit: Der Untergang der Samaniden und der Aufstieg der Ghaznawiden, die Entwicklung einer Reihe lokaler Fürstentümer und die ständigen Kämpfe um die Vorherrschaft zwangen ihn zu einem unsteten Wanderleben und zum Dienst bei vielen Herren, der ihn oft in Lebensgefahr und mehrmals in den Kerker brachte. Die letzten Jahre seines Lebens diente er dem Herrscher von Isfahan, Ala ad-Daula, als Leibarzt und Leiter des dortigen Bimaristan (Krankenhaus). Er starb 1037, als er seinen Fürsten auf einem Feldzug nach Hamadan begleitete.

Ibn Sina hinterließ mehr als hundert Bücher, von denen einige sehr schnell große Verbreitung fanden. Zuerst sind hier seine medizinischen Werke zu nennen, denn ohne sie ist ein wichtiges Stück Wissensgeschichte des Mittelalters schwer verständlich. Der Kenntnisstand der Medizin war, besonders im christlichen Europa, im Mittelalter erschreckend gering. Dies lag nicht zuletzt an der Macht der religiösen Dogmen. Die religiöse Orthodoxie erkannte die Medizin nicht als wissenschaftliches Bemühen an, weil sie, statt über das Wesen der Krankheit im Schöpfungsplan zu meditieren, dem allmächtigen Gott die Bestimmung über das Schicksal des Menschen streitig zu machen schien. So argumentierte beispielsweise lange Zeit die katholische Kirche und später im Islam auch die so genannte »Prophetenmedizin«, die sich ausschließlich an den teils dürftigen, teils allegorischen Gesundheitsratschlägen von Koran und Hadithen orientieren wollte. Oder die Medizin galt nur dann als ernsthafte Wissenschaft, wenn sie sich an den verbürgten »Autoritäten« orientierte, deren Weisheit Einsicht in das »Wesen« der Dinge garantierte, und dies waren zuerst die antiken Autoren medizinischer Abhandlungen wie Hippokrates, Galen oder Plinius. Erst später kamen weitere Autoren hinzu, und dies waren auch im lateinischen Mittelalter vor allem die Werke islamischer Autoren. Kein Buch hat dabei jene Bedeutung erlangt, die **Ibn Sinas *Kanon der Medizin*** erreichte. Bis ins17. Jahrhundert bildete sein Buch neben den antiken Klassikern die Grundlage der Medizinerausbildung in Europa, weit mehr noch als die ebenfalls berühmten

Abhandlungen von ar-Razi. Sein Ruhm als Arzt bewirkte etwa auch, dass die latinisierte Form seines Namens (Avicenna) bis heute gebräuchlicher ist als sein eigentlicher Name. Der große Verdienst Ibn Sinas bestand darin, unter Wahrung der Autoritäten dem medizinischen Wissen seiner Zeit viele wichtige *empirische* Erkenntnisse beigefügt zu haben. Diese Offenheit und Wertschätzung gegenüber der Erfahrungswissenschaft hat etwas mit seinem philosophischen Denken zu tun.

Die Metaphysik

Ausgehend von al-Farabi begriff auch Ibn Sina Metaphysik als die Wissenschaft vom Seienden, und auch seine Vorstellung von der Seinsordnung ist farabianisch. Sie vollzieht das Emanationsschema seines Neoplatonismus nach und setzt das Ur-Eine Plotins mit der aristotelischen »Ersten Ursache« gleich und überdies mit dem Gott der koranischen Offenbarung. Auch der Primat der Vernunftserkenntnis vor der bloßen Glaubenswahrheit taucht bei Ibn Sina wieder auf. Einen eignen Weg aber schlägt Ibn Sina bei der Interpretation der Seele auf ihrem Weg zur Erkenntnis Gottes ein. Die Metaphysik, wie sie Ibn Sina in seinem philosophischen Hauptwerk *Kitab aschschifa'* (*Buch von der Genesung*) entwickelt, ist die Wissenschaft vom Seienden als solchen. Aber reines Sein kann nur Gott sein, denn nur Gott ist notwendig statt kontingent, ewig statt werdend, Eines statt Vielheit. Die Metaphysik behandelt also die Wissenschaft von der Gotteserkenntnis. Dabei fällt der Titel des Werkes auf: »Genesung« – und hier liegt der Unterschied zur bisherigen neoplatonischen Tradition. Ibn Sina versteht Philosophie, vor allem in ihrer Königsdisziplin Metaphysik, die nach Aristoteles ja von den »letzten Dingen« handeln soll, als die Heilung von schädlichen Irrtümern, so wie die Medizin die Heilung von schädlichen Einflüssen auf den Körper ist. Geist und Seele einerseits und körperliche Existenz andererseits hängen notwendig zusammen, und so ist auch die Heilung des einen nie vollkommen erreichbar ohne die Heilung des anderen. Damit ist nicht nur, wie wir heute sagen würden, eine »ganzheitliche« Medizin gemeint, sondern vor allem eine wichtige Aussage über das Verhältnis des reinen Seins zur materiellen Welt.

Aristoteles hatte den Stoff als bloßes In-Möglich-Sein definiert, das die Form passiv aufnimmt, die ihrerseits Wirkursache und in ihrer reinsten Form, gänzlich stofffrei, der reine Denkgott ist. Die Neoplatoniker hatten die Frage, wie der seelen- und geistlose Stoff zur Form gelangt, durch das Emanationsschema zu beantworten versucht: Aus dem reinen Sein Gottes emaniert der reine Intellekt, der aber im Unterschied zum reinen Sein Gottes, das Eins ist, bereits die Vielheit enthält. Und so geht es Stufe um Stufe weiter, bis das zufällige, vielfache Stoffliche den geringsten Anteil an formgebenden, reinen Intellekt besitzt: die materielle Welt, in der wir selbst leben. Daran hält auch Ibn Sina im Prinzip fest, aber er verweist auf die Notwendigkeit, mit der das Stoffliche auf jeder Stufe der Emanation mit der Wirkform verbunden ist. Denn wodurch erlangt das Stoffliche, das wir in der Zeit als wandelbar und vergänglich erfahren, sein eigenes Sein?

Nur in der Stufenfolge des Emanationsschemas gedacht, müsste das Stoffliche nämlich irgendwann eine reine Möglichkeit sein, die wir dann aber nicht mehr erfahren könnten, denn um etwas zu erfahren, muss etwas Erfahrbares da sein, also ein Stoff, der eine Form hat, etwas *Seiendes*.»Jedes Ding, das neu entsteht, hat vor seinem Werden entweder in sich die Möglichkeit zu existieren oder es ist unmöglich.« (Avicenna 1960, 269) In der Ursachenkette muss es also etwas geben, das die **Interdependenz von Form und Stoff** notwendig hervorbringt:

»Jedes einzelne von diesen Prinzipien (die Materie und die Wesensform) [ist] Ursache für das andere in irgendeiner bestimmten Hinsicht, und bezüglich einer bestimmten Realität, nicht in ein und derselben Hinsicht. Wenn dieses nicht der Fall wäre, dann besäße die materielle Wesensform keine notwendige Abhängigkeit von der Materie in irgendeiner Weise.« (Ebd., 600)

Und dies, so Ibn Sina, könne nichts anderes sein als das notwendig Seiende, das Gott ist. So ist Gott als reines Sein und reine Notwendigkeit auch im Stofflichen anwesend, und zwar durch die notwendige Verbindung von Stoff und Form. Das Universum besteht also aus diesen notwendigen Verbindungen. Da sie aber gleichzeitig mit Gott, der sie hervorgebracht hat, existieren, müssen sie wie Gott auch ewig sein. Folgerichtig besteht auch die Welt und das Stoffliche von Ewigkeit her.

Rationalität und Intuition

Für den menschlichen Geist bedeutet dies, dass das Universum damit auch zum Gegenstand von Erkenntnis wird, und zwar nicht nur hinsichtlich der Erkenntnis der einzelnen Ursachen und des einzelnen Seienden, sondern auch hinsichtlich der Erkenntnis des notwendig Seienden, also Gottes. Die »Genesung«, um die es in der Metaphysik des Ibn Sina geht, ist die Möglichkeit des menschlichen Intellekts zur Erkenntnis Gottes, der zwar transzendent ist, aber zugleich immanent in den stoffgebundenen Formen aufscheint. Ob man diese Philosophie, wie Ernst Bloch dies tat, bereits als eine »materialistische« und »pantheistische« bezeichnen kann (vgl. Bloch 1972), sei dahingestellt. Sie ist jedenfalls die Grundlage für den an Ibn Sina anschließenden Versuch einer philosophischen Mystik im Islam, die über den Weg der Erkenntnis zu einer Befreiung der Seele von der irdischen »Gefangenschaft« gelangen will, also um eine Verbindung von mystischer Schau des Göttlichen und philosophischem Rationalismus, die über die Entdeckung von logischen Notwendigkeiten zur Gotteserkenntnis gelangt. Ibn Sina hat einen solchen Erkenntnisweg in der allegorischen Erzählung »Hayy ibn Yaqzan« (Der Lebende, Sohn des Wachenden) beschrieben, in der ein Erzähler auf einer Reise durch imaginäre Länder unterschiedliche Lebewesen kennenlernt, die jeweils die Stufen der kosmologischen Ordnung und des menschlichen Erkenntnisweges symbolisieren. Später hat der Philosoph Ibn Tufayl im spanischen al-Andalus den Titel für eine eigene, sehr viel berühmter gewordene Erzählung übernommen. In Ibn Sinas Allegorie, und noch viel stärker in seinem zweiten philosophischen Hauptwerk, den *Hinweisen und Mahnungen*, tritt an die Seite der rationalen, philosophischen Welt- und Gotteserkenntnis die intuitive Schau. Diese ist allerdings nicht nur, wie bei den islamischen Mystikern, eine nichtrationale Einsicht aus Versenkung und Askese heraus, sondern vielmehr die Fähigkeit, den rationalen Erkenntnisprozess durch pointiertes Begreifen des Wesentlichen und Essentiellen zu beschleunigen. Diese Fähigkeit zeichnet nach Ibn Sina etwa die Propheten aus, und hier unterscheidet er sich von al-Farabi, der letztlich die Prophetie der philosophischen Erkenntnis nachgeordnet hatte. Für Ibn Sina sind die Propheten nicht nur Meister der Vorstellungskraft, die rationale

Erkenntnis in Bilder und Symbole umsetzen, sondern Meister des geschärften Verstandes, die den mühevollen Weg der Erkenntnis auch hinsichtlich seines rationalen Charakters überbieten. Als verehrungswürdige »Meister der Menschen« machen sie den einfachen Menschen die Weisheit des Korans allegorisch verständlich. An alle Menschen gemeinsam geht die Aufforderung, den Tugenden von Weisheit, Enthaltsamkeit und Mut, und in der Summe von allen, der Gerechtigkeit zu folgen. »Wer jedoch zu diesen praktischen Tugenden noch die theoretische Weisheit hinzuerwirbt, der ist glücklich geworden«, beschließt Ibn Sina seine *Genesung* (Ibn Sina 1960, 685).

Einfluss Ibn Sinas

Die Verbindung von mystischer Gottesschau und rationaler Philosophie in seiner Metaphysik übte in der Folge einen großen Einfluss aus, auch auf das spätere europäischen Denken im Mittelalter. **Roger Bacon** (1214–1291) sah in ihm den wahren Nachfolger des Aristoteles, und **Thomas von Aquin** (1224/25–1274) orientierte sich an ihm in der Herausarbeitung seiner Gottesbeweise, auch wenn er andererseits gegen Ibn Sinas Emanationslehre polemisierte. Insgesamt war der Einfluss Ibn Sinas auf die europäische Philosophie zwar geringer als der des Ibn Ruschd, aber umso folgenreicher für die arabisch-islamische. Hier bildete sich auf der Grundlage seiner Philosophie eine regelrechte Schule heraus. Dieser große Widerhall rief allerdings auch energische Kritiker auf den Plan, so al-Ghazali und in seiner Folge Fachr ad-Din ar-Razi (s. folgendes Kapitel), was dann wieder die Gegenkritik der Anhänger Ibn Sinas auslöste. So ließ sich etwa **Nasir ad-Din at-Tusi** (1201–1274) in einen literarischen Disput mit ar-Razi ein, um sein Vorbild Ibn Sina gegen dessen Angriffe in Schutz zu nehmen. At-Tusi war nicht nur Philosoph, sondern ein Universalgelehrter, der auch auf den Feldern der Mathematik und Astronomie brillierte. Der mongolische Eroberer Hülägü schätzte ihn so sehr, dass er für ihn ein großes Observatorium für seine Forschungsarbeiten errichten ließ. Als Philosoph tradierte at-Tusi das System Ibn Sinas weiter, wobei er in einem enzyklopädischen Ansatz auch andere Wissensgebiete in die Metaphysik zu integrieren suchte, etwa Optik als Teil von Wahrnehmungstheorie oder praktische Physik innerhalb der Kausaltheorie.

Die Wirkung Ibn Sinas reicht gerade in der iranischen Philosophie bis weit in die Neuzeit hinein. Allerdings gibt es in der **arabisch-islamischen Gegenwartsphilosophie** einen heftigen Streit über die Bewertung dieses Einflusses. Der marokkanische Philosoph al-Djabiri sieht in der Öffnung der neoplatonischen Tradition zur islamischen Mystik durch Ibn Sina eine der Ursachen für den Niedergang der rationalistischen Tradition in der islamischen Kultur und damit für das Ausbleiben einer eigenständigen Modernisierung. Die Übermacht von Ibn Sinas Denken in der philosophischen Tradition des Islam habe die Rezeption der Philosophie Ibn Ruschds verhindert, die sehr viel eher einen Durchbruch einer mit der Moderne kompatiblen Subjektphilosophie bedeutet hätte. Die »Philosophie des Ostens« mit ihrer Tendenz zur Mystik sei also mit verantwortlich für die Dominanz des Religiösen innerhalb der islamischen Kultur. Deshalb müsse man an die Philosophie des *arabischen* Westens, also vor allem an Ibn Ruschd anknüpfen, um eine autochthone Moderne zu entwickeln. Diese These ist sowohl weit verbreitet wie umstritten; zu ihren schärfsten Kritikern gehört etwa der ägyptische Philosoph Hasan Hanafi (vgl. Hendrich 2004, 266–299). Diese Auseinandersetzung um Ibn Sina findet insofern ihre Spiegelung innerhalb der zeitgenössischen europäischen Rezeption, als sie zwischen einer fast euphorischen Bewertung Ibn Sinas und dem Hinweis auf seine mangelnde philosophische Originalität und Eigenständigkeit, etwa im Vergleich zu al-Farabi, schwankt.

5 Philosophische Kritik der Philosophie: al-Ghazali und seine Nachfolger

Abu Hamid al-Ghazali (lat. Algazel, 1058–1111) gehört zu den umstrittensten Denkern in der islamischen Philosophiegeschichte, und manche Darstellungen führen ihn nicht einmal unter den Philosophen auf. Das liegt an den unterschiedlichen Facetten seines Werkes: Er tritt als scharfer Kritiker der Philosophie, besonders von al-Farabi und Ibn Sina auf. Gleichzeitig ist er selber ein Philosoph von hohem Rang, dessen Logik und Metaphysikkritik über seine Zeit hinausweisen. Außerdem hat sein Werk zwei völlig unterschiedliche Darstellungsweisen: Er ist einmal ein exoterischer, also an wissenschaftlich-rationaler Argumentation ausgerichteter Denker, aber zugleich ein esoterischer Schriftsteller mit einem starken Zug zur Mystik. Neben der Kritik der Philosophie lehnte er auch die Klasse der Religions- und Rechtsgelehrten, die Ulama, ab und unterzog ihre Unterwürfigkeit gegenüber den Mächtigen, ihre Karrieresucht und ihr moralisch fragwürdiges Leben scharfer Kritik. Er war also ein Denker, der sich schwer in ein einheitliches Interpretationsschema pressen lässt. Al-Ghazali wurde 1058 in Tus in Chorassan im östlichen Persien geboren. In Nischapur lernte er bei dem berühmten ascha'ritischen Theologen al-Djuwayni (gest. 1085), in Bagdad übernahm er selbst einen bedeutenden Lehrstuhl für islamisches Recht. In die Zeit dieser Lehrtätigkeit fällt auch seine intensive Beschäftigung mit der Philosophie, insbesondere mit Ibn Sina. Gegen diesen verfasste al-Ghazali eine seiner Hauptschriften, *Tahafut al-Falasifa* (*Destructio philosophorum*, *Die Inkohärenz der Philosophen*). Eine tiefe Sinnkrise veranlasste ihn, sein Lehramt aufzugeben. Er wandte sich sowohl von einer rein doktrinären als auch rationalen Annäherung an die Religion ab und der Mystik zu. Jahrelang reiste er durch die islamische Welt, um schließlich erst nach Nischapur und dann in seine Geburtsstadt Tus zurückzukehren, wo er 1111 starb. Sein gesamtes Denken kann als Reaktion auf die geistige Krise begriffen werden, die einerseits von der Philosophie ausgelöst wurde, andererseits aber auch in der tiefen Zerrissenheit der islamischen Theologie wurzelte, die nicht nur in sunnitische und schiitische Auslegungen zerfiel, sondern innerhalb dieser Bekenntnisse in zahllose Sekten und Schulen. In der Philosophie war es vor allem Ibn Sina und seine Gleichzeitigkeit von philosophischer Stringenz und religiös-mystischer Ausdruckskraft, die die islamischen Theologen verunsicherte. Die Antwort darauf bestand bis zu al-Ghazali mehr oder weniger in einer Annäherung der Theologen an die Philosophie oder umgekehrt in einer undifferenzierten, ja wütenden Abwehr.

Kritik der Philosophie

Al-Ghazali hat eine umfangreiche Sammlung von Schriften hinterlassen. In seinem theologischen Hauptwerk, *Ihya Ulum ad-Din* (*Die Wiederbelebung der Religionswissenschaften*), entstanden in seinen Wanderjahren, versucht er traditionelle islamische Glaubensvorstellungen mit Praktiken des Sufismus, islamische Ethik mit aristotelischer und diese wiederum mit Sufi-Tugenden in Verbindung zu bringen. Seine Philosophiekritik im *Tahafut* setzt vor allem bei al-Farabi und Ibn Sina als den bedeutendsten Vertretern einer aristotelisch-neoplatonischen Philosophie an. Al-Ghazali macht sich anheischig, zwanzig philosophische Theorien zu widerlegen; siebzehn davon erklärt als Abweichung vom rechten Glauben, die zwar nicht mit dem Islam vereinbar sind, aber noch keinen Unglauben darstellen, wie etwa Ibn Sinas Theorie der Seele, die Natur- und Kausalvorstellungen der Philosophen überhaupt oder die Auffassung, Gott als das Ur-Eine könne keine Attribute haben. Drei Theorien dagegen sind seiner Meinung nach Unglaube und damit Ketzerei und Abfall vom Islam: erstens die Auffassung von der Ewigkeit der Welt; zweitens die Behauptung der Philosophen, Gott kenne die Einzeldinge nicht als solche, sondern nur im Zusammenhang der universellen Ordnung, also nur als notwendige Teile der Weltordnung, die er geschaffen hat; drittens die These von der Unsterblichkeit der Seele, die die Auferstehung des

Leibes leugnet. Das Ergebnis fasst er in der kleineren Schrift *Der Erretter aus dem Irrtum* (*Al-mundiq min ad-dalal*) zusammen, die fälschlicherweise oft als »Autobiographie« bezeichnet wird, weil al-Ghazali hier sein intellektuelles Fazit mit Erlebnissen aus seinem persönlichen Werdegang verknüpft. Streng ist sein Urteil über die arabisch-islamischen Philosophen: Wenn schon Sokrates, Platon und Aristoteles tief »in den Ungereimtheiten ihres Unglaubens und ihrer Ketzereien verhaftet« seien, dann müsse man »sie und ihre Anhänger, unter ihnen islamische Philosophen wie Ibn Sina, al-Farabi und andere als Ungläubige« betrachten. Und al-Ghazali fügt hinzu: »Keiner unter den islamischen Philosophen hat die Lehren des Aristoteles so wie diese Männer übermittelt.« (al-Ghazali 1988, 18)

Diese Verdammung der Philosophie wäre wenig originell, wenn al-Ghazali sich nun nicht in entscheidenden Punkten von den orthodoxen Theologen unterscheiden würde. Zuerst unterteilt er nämlich die Wissenschaft der »Philosophie« in sechs unterschiedliche Teilgebiete: Mathematik, Logik, Naturwissenschaft, Metaphysik, Politik und Ethik. Diese beurteilt er höchst unterschiedlich. Über die Mathematik sagt er: »Wer in diese Wissenschaft hineinblickt, bewundert die Exaktheit und die Vortrefflichkeit ihrer Beweise.« Folgerichtig begehen die Religionsgelehrten »ein großes Verbrechen, wenn man glaubt, dass der Islam durch die Ablehnung dieser Wissenschaft zum Sieg gebracht werden kann.« (Ebd., 19ff.) Das gilt auch für die Logik, die als Instrumentarium zunächst neutral und auch für die Theologen eine wichtige Hilfswissenschaft ist. Wendet man sie allerdings undifferenziert auf die Religion an, so wird sie zu einem Instrumentarium der Verfälschung der religiösen Wahrheiten. Auch die Naturwissenschaften haben für al-Ghazali diese zwei Seiten: Ihre Ergebnisse abzuleugnen ist nicht Aufgabe der Rechtgläubigkeit, es sei denn, sie führen zu Ketzereien, etwa zur Leugnung von Aussagen des Korans. Im Ergebnis fordert al-Ghazali die Religionsgelehrten sogar dazu auf, die logischen Methoden ihrer philosophischen Kontrahenten zu übernehmen. Er selbst verfasste gleich zwei Abhandlungen zur Logik, die dadurch für die Theologie und die Jurisprudenz nutzbar gemacht werden soll. Ganz anders ist sein Befund in Hinsicht auf die Metaphysik: Sie zeugt von den »Irrtümern« der Philosophen, die al-Ghazali einzeln zu widerlegen trachtet. Hier kommt auch seine Kritik der Logik zum Tragen, und dies ist zurecht als der philosophisch interessanteste Teil in al-Ghazalis Denken bezeichnet worden.

Das Kausalitätsproblem

Grundsätzlich bestreitet al-Ghazali das Recht der Vernunft, ihre Prinzipen auf die Religion anwenden zu dürfen. Ausdrücklich argumentiert er dabei gegen das Kausalprinzip, und zwar ausgehend von der Leugnung der Wunder durch die Philosophen. Diese hatten die Möglichkeit von Wundern bestritten mit dem Argument, dass Wunder der Theorie von den natürlichen Wirkursachen entgegenstünden, die nicht nur empirisch nachzuvollziehen sei, sondern darüber hinaus als Prinzip der Weltordnung notwendig, weil nur durch die Annahme der Kausalität eine erkennbare Ordnung überhaupt möglich sei, die zu Gott als der ersten, notwendigen Wirkursache führe. Wenn zum Beispiel etwas zu brennen beginne, dann müsse es dafür eine natürliche Ursache geben, die bei gleicher Konstellation auch immer wieder zum Entstehen von Feuer führt. Keinesfalls aber könne der Brand ohne eine natürliche Ursache entstehen, der ihn auslöst. Entsprechend wollten die Philosophen alle Beispiele für Wunder im Koran und der islamischen Überlieferung metaphorisch ausgelegt sehen und nicht wörtlich verstanden wissen. So einleuchtend dies klingen mag, so sahen die Theologen dahinter zurecht eine grundsätzliche Infragestellung des allmächtigen Gottes. Denn wenn Gott die Ordnung der natürlichen Verursachung nicht durchbrechen konnte, dann war er selbst dieser Ordnung unterworfen und hörte auf, der allmächtige Gott zu sein. Entsprechend war das gängige Gegenargument der islamischen Theologie der Verweis auf die Allmacht Gottes, die auch das scheinbar Unmögliche ermöglichen könne und so das Kausalprinzip nach dem Willen Gottes jederzeit aufhebe.[1] Als *credo quia*

---

1 Dies darf nicht mit dem Okkasionalismus späterer Philosophie verwechselt werden. Denn dieser leugnet die Kausalbeziehung zwischen Leib und Seele und behauptet, dass »bei Gelegenheit« (lat. *occasio*) Gott oder das göttliche Prinzip die Verbindung zwischen seelisch-geistigen und leiblich-körperlichen Vorgängen vermittelt. Dieser Okkasionalismus führt aber direkt in eine pantheistische Weltsicht, denn nur der in Allem und jederzeit anwesende göttliche Geist könnte eine

absurdum (»Ich glaube, weil es widersinnig ist«) taucht diese Denkfigur übrigens auch im christlichen Denken schon bei Tertullian zu Beginn des 3. Jahrhunderts auf.

Das Neue an al-Ghazalis Erwiderung auf die Leugnung der Wunder durch die Philosophen liegt nun in der Art seiner Argumentation. Er bezieht sich nämlich nicht einfach auf die Allmacht Gottes, sondern versucht, das Kausalitätsprinzip als Theorie einer notwendigen Verursachung allen Geschehens zu widerlegen. Auch al-Ghazali geht davon aus, dass es notwendige Beziehungen zwischen dem Seienden gibt, etwa bei attributiven Zuschreibungen oder räumlichen Beziehungen. Aber dies gilt keineswegs für alle sinnlich wahrnehmbaren Geschehnisse oder Dinge: »Die Beziehung zwischen dem, was man gewohnheitsmäßig als Ursache und Wirkung betrachtet, ist nach unserer Auffassung keine notwendige. [...] Wo immer zwei Dinge sind, ergibt sich aus der Existenz des einen nicht notwendigerweise die des anderen und ebenso wenig aus der Nichtexistenz des einen die des anderen.« (Zitiert nach Ibn Ruschd 1913, 252) Die Beziehung zwischen zwei Dingen oder Ereignissen geht nicht auf einen inhärenten Zwang zurück, denn dieser kann in der Natur nicht beobachtet werden. Wenn etwa ein Stück Wolle mit Feuer in Berührung kommt und die Wolle zu brennen beginnt, dann ist bei den Philosophen von einem Kausalzusammenhang die Rede. Al-Ghazali aber wendet ein:

»Wie lautet also der Beweis dafür, dass das Feuer die Wirkursache sei. Der einzige Beweis der Philosophen ist die empirische Konstatierung, dass die Verbrennung bei und gleichzeitig mit der Berührung des Feuers eintritt. Die Konstatierung beweist, dass die Verbrennung gleichzeitig mit diesem eintritt, sie beweist jedoch nicht, dass sie *durch* die Berührung mit dem Feuer erfolgt.« (Ebd., 253)

Was wir also beobachten können, ist tatsächlich nur eine *posthoc*-Beziehung, also ein Nacheinander, und keine *propter-hoc*-Beziehung, ein Wegeneinander. Rein empirisch ist al-Ghazali hier tatsächlich nicht zu widersprechen. Seine Schlussfolgerung lautet dementsprechend,

---

solche Verbindung herstellen. Dies aber lag sicher nicht in der Absicht der islamischen oder christlichen Theologen des Mittelalters und ihrer Vorstellung vom personifizierten Gott.

dass wir es nicht mit notwendiger Verursachung zu tun haben, sondern mit dem Wirken Gottes: »Die Wirkursache des Verbrennens ist Gott, indem er die Schwärze in der Wolle erschafft und ebenso die Auflösung in ihre Bestandteile und ihre Verwandlung in Asche. Er vollführt dies ent weder durch Vermittlung der Engel oder auch unvermittelt.« (Ebd.) Die Bedeutung dieser Argumentation liegt nicht in dem erneuten Rückbezug auf Gott oder in dem schwächlichen Versuch, den Wunderglauben zu retten, sondern in der Tatsache, dass hier die bis dahin unangefochtene empirische Beweiskraft der *propter-hoc*-Beziehung widerlegt wird. Dieser Gedankengang al-Ghazalis bliebt folgenlos; erst in den europäischen Philosophie der Neuzeit, nämlich bei David Hume, taucht diese Argumentation erneut auf. Hier lässt sich sehr eindrucksvoll der Wandel zwischen dem ontologischen Paradigma, dem al-Ghazali verpflichtet ist, und dem neuzeitlichen, mentalistischen Paradigma, dem Hume folgt, verdeutlichen. Denn aus al-Ghazalis Kritik des empirischen Beleges notwendiger Kausalzusammenhänge folgt nichts außer dem Hinweis auf Gott als erneutem ontologischen Kern allen Geschehens. Hume dagegen folgert aus der Unmöglichkeit, Kausalität empirisch als ontologische Gewissheit zu beweisen, dass die Herstellung von Ursache-Wirkungs-Relationen eben nur ein Produkt der Gewöhnung menschlichen Denkens qua Erfahrung sind. Während al-Ghazali also die Kausalität, die er als Teil einer ontologisch verstandenen Weltordnung widerlegt hat, durch den Verweis auf eine ebenso ontologische Gottesordnung rettet, geht Hume den einzig der Vernunft noch offenstehenden Weg: Statt Kausalität als ein Ordnungsprinzip, das in der Natur ist (also ontologisch), zu begreifen, sieht er es als Prinzip des menschlichen Bewusstseins an, nämlich als Reaktion des Bewusstseins auf die gemachten Erfahrungen. Freilich kann er damit nicht erklären, wie nun überhaupt Erfahrungen von Etwas möglich sein sollen. Diesen Schritt wird erst Kant vollziehen, der, von Hume aus seinem »dogmatischen Schlummer« geweckt, Kausalität überhaupt nur noch als Kategorie des Verstandes begreift, der dementsprechend »der Natur ihre Gesetze vorschreibt«, anstatt sie ihr mittels Erfahrung ablesen zu wollen (Immanuel Kant, *Prolegomena*, §36).

Al-Ghazalis Argumente gegen den Kausalitätsbegriff der Philosophen zeigen, wie weit die scholastische Debatte innerhalb der Glaubenssysteme des Mittelalters vordringen konnte und damit an das Denken der Moderne anschließt. Zugleich zeigt sich hier aber auch, wie folgenlos gerade die scharfsinnigste Kritik bleibt, wenn sie nur der dogmatischen Verteidigung eines Primats des Religiösen dienen soll. Ingesamt hatte al-Ghazalis Kritik der Philosophen zwei Ergebnisse. Er trägt sicherlich zu einem veränderten Klima gegenüber der Philosophie bei, und dies wird ihm gerade von arabisch-islamischen Philosophen der Gegenwart vorgeworfen. Seine Polemik gegen die Philosophie traf innerhalb eines insgesamt veränderten gesellschaftlichen Umfeldes direkt die Philosophen selbst, die nun einer zunehmenden Intoleranz und Feindseligkeit ausgesetzt waren. Schließlich hatte al-Ghazali nicht nur gegen »Irrtümer« polemisiert, sondern diese direkt mit dem Vorwurf eines Abfalls vom Glauben verbunden, der im gesellschaftlichen Kontext seiner Zeit mörderisch wirken konnte. Gleichzeitig aber ist gerade al-Ghazali geistesgeschichtlich für die Verbreitung der Philosophie verantwortlich. Er versuchte, die Philosophie durch eine argumentative Widerlegung zu bekämpfen, die sich selbst an philosophischen Methoden orientierte und überdies die kritisierten Thesen der Philosophen getreulich referierte. Dadurch gelangte sehr viel Wissen über die aristotelische und neoplatonische Philosophie an breite Kreise gerade der sunnitischen Theologen und führte zur Etablierung aristotelischer Logik in den Religionsschulen.

Al-Ghazalis Kritik der Philosophie hatte aber auch eine politische Konsequenz. Der Zerfall des Islam in Sunniten und Schiiten und die Aufspaltung in zahlreiche Sekten und Schulen war für ihn ein Indiz für die Verführung der Gläubigen durch falsches Denken. Dieses sah er ausgelöst durch die Philosophie, die mit ihrem Anliegen, die Ordnung der Welt rational zu erklären und zu durchdringen, den Islam zerstörte.

In einer Streitschrift gegen die isma'ilitische Schia hob er die Verbindung hervor, die zwischen ihnen und den Neoplatonikern bestand: die Verknüpfung des »reinen Intellekts« als erster Emanation des Ur-Einen mit dem Gedanken des Prophetentums. Damit schwächte das philosophische Denken in al-Ghazalis Sicht nicht nur das Wunder der Prophetie, sondern in der Konsequenz auch das Kalifat, das in der Nachfolge des Propheten der Bewahrer und Verteidiger des

Glaubens sein sollte. Al-Ghazalis Radikalität gegenüber den Schiiten und den Philosophen war also eine direkte Reaktion auf den Zerfall und den Unfrieden innerhalb der islamischen Welt, und er machte das kritische Denken – ganz im Sinne einer noch heute gängigen konservativen Weltsicht – ursächlich verantwortlich dafür. Entsprechend wünschte er die Stärkung des Kalifats und als Mittel dazu die Unterbindung allen inhaltlichen Streits, indem man die Philosophie zu einer Angelegenheit weniger Gelehrter machte. Die Mehrheit der Menschen sollte ihre Orientierung aber ausschließlich Koran und Sunna entnehmen, und auch die politische Praxis hatte sich daran zu orientieren. Sein Fazit zur Philosophie in ihrer Bedeutung für eine gesellschaftliche Praxis lautete dementsprechend: »Weil die Mehrheit der Menschen von der Einbildung beherrscht ist, [...] Vollkommenheit der Vernunft sowie des Vermögens zur Unterscheidung der Wahrheit von der Falschheit und des rechten Glaubens vom Irrtum zu besitzen, muss man die Allgemeinheit möglichst entschieden davor warnen, die Bücher der Irregeführten zu lesen.« (al-Ghazali 1988, 27) Vergleicht man das mit al-Farabis Utopie vom Weisheitsstaat, dann wird deutlich, wie weit die **politische Philosophie** hier **auf dem Weg zur geistfeindlichen Theokratie** fortgeschritten war.

Nachfolger al-Ghazalis

Zugleich spornte al-Ghazalis philosophische Kritik der Philosophie die Theologie an, sich genauere Kenntnisse der Philosophie zu verschaffen und ihre Methodik zu übernehmen. Einer der ersten, die sich darum bemühten, war Muhammad ibn'Abd-al-Karim asch-Schahrastani (ca. 1086–1153). Berühmt wurde er durch seine umfassende Darstellung der Sekten und Parteien im Islam, dem *Kitab al-milal wa-n-nihal* (*Religionsparteien und Philosophenschulen*). Darin stellte er nicht nur die gesamte Geschichte der islamischen Sekten von der Frühzeit an dar, sondern auch die Philosophie in der islamischen Kultur sowie die anderen großen Religionen neben dem Islam. Seine Darstellung ist sicherlich nicht objektiv, sondern enthält viel von der Philosophiekritik der Theologen und al-Ghazalis. Gegenüber Ibn Sina fasst asch-Schahrastani mehr oder weniger das zusammen, was bereits al-Ghazali im *Tahafut* geschrieben hatte. Aber sein Buch ist eine der umfassendsten Darstellungen der islamischen Geistesgeschichte bis zu seiner Zeit und ein wichtiger Fundus an Informationen, besonders über die frühislamischen »Sekten« und ihr Denken. Durch die Art seiner Darstellung bietet das Buch zugleich einen Einblick in das Denken der religiösen Orthodoxie im Islam. Von größerer philosophischer Bedeutung war Fachr-ad-din ar-Razi. Er wurde 1149 in Rayy geboren. Nach einem dortigen Studium und Wanderjahren ließ er sich schließlich in seiner Heimatstadt als Lehrer nieder. Nach einem Leben in großer Armut brachte er es durch eine Erbschaft zu Wohlstand; er starb 1210 in Herat (im heutigen Afghanistan), wo der lokale Herrscher ihm die Einrichtung einer Schule in seinem Palast ermöglicht hatte. Ar-Razi war einer der letzten großen Enzyklopädisten im Islam. In mehreren Werken unternahm er es, sowohl die Theologie einschließlich einer umfassenden Interpretation des Korans als auch die profanen Wissenschaften und die Philosophie darzustellen und zu erläutern. Dabei war er vor allem an al-Ghazali orientiert und schuf in dessen Tradition auch einen Kommentar zur Philosophie des Ibn Sina. Noch sehr viel mehr als al-Ghazali verknüpfte er darin Philosophie mit Theologie, so dass beide Sphären kaum noch unterscheidbar sind. Ausgehend von Logik und Naturphilosophie suchte er eine rationale Erklärung für die Gottesidee und wandte sich erst im Anschluss einer Kritik an der aristotelisch-neoplatonischen Philosophie (besonders der Emanationslehre) zu, um ihr das »Offenbarungswissen« seines Islamverständnisses gegenüberzustellen. Damit gelangt nochmals sehr viel Philosophisches in die Theologie. Doch die Vermischung von Philosophie und Theologie bei ar-Razi verwischte auch die Unterschiede und führte zu diffusen Positionen, die letztlich philosophische Begrifflichkeit und Konsequenz wiederum schwächten. Zugleich war ar-Razi in seinen Grundeinstellungen noch konservativer als al-Ghazali, und diese Verbindung zwischen philosophischer Methodik und konservativem Grundverständnis prägte zukünftig die Richtung der islamischen Theologie. Von ihrem philosophischen Gehalt blieb so wenig mehr übrig als Grundbestände aristotelischer Logik, die sich bis ins 19. Jahrhundert, vor allem als Teil der Ausbildung in der Madrasa, der einer Moschee angegliederten Lehranstalt, erhielten.

6 Die Philosophie im arabischen Spanien (al-Andalus)

Spanien (das al-Andalus der Araber) gehörte seit 711 zur islamischen Welt, seit der aus dem Yemen stammende Feldherr Tariq ibn Zaid in Gibraltar (Djabal Tariq) gelandet war. Zu Beginn war die arabische Invasion wenig mehr als ein Beutezug. Erst die Schwäche des Westgotenreiches animierte zur tatsächlichen Besetzung; schon in kürzester Zeit hatte eine relativ kleine Armee alle größeren Städte erobert und drang bis nach Südfrankreich vor. Zur Mitte des 8. Jahrhunderts gelangten die Beutezüge an ihre Grenzen; die fälschlich als »welthistorisch« bezeichnete Niederlage eines arabischen Beutezuges bei Tours und Poitiers gegen Karl Martell (732) kennzeichnete die äußerste Grenze, bis zu der sich noch Raubzüge lohnten. Diese Niederlage beendete die arabische Präsenz in Südfrankreich keineswegs und tat dem Aufstieg und der Blüte des arabischen Spanien keinen Abbruch. Dort hatte zunächst ein Statthalter des fernen Umayyaden-Kalifats in Damaskus geherrscht. Als 750 das Kalifat an die Abbasiden überging und diese ihre Residenz nach Bagdad verlagerten, verlor das Kalifat seinen letzten Einfluss auf Spanien. Die dortigen Muslime machten den einzigen Umayyaden-Prinzen, der das Massaker an der Familie überlebt hatte, zum Herrscher über Spanien. Spanien gehörte damit nicht mehr zum arabisch-islamischen Kalifat, sondern wurde ein eigenständiger arabischer Staat.

Sowohl ökonomisch als auch technisch-zivilisatorisch und wissenschaftlich gehörte al-Andalus zur islamischen Welt und befand sich mit ihr in einem regen Austausch. Das arabische Spanien wurde niemals zwangsweise islamisiert, vielmehr koexistierten Muslime, Christen und Juden unter arabischer Herrschaft weitgehend friedlich miteinander. Dadurch entstand eine ganz neue Gruppe der Bevölkerung, nämlich die Arabisch sprechenden und die arabischen Lebensgewohnheiten übernehmenden Christen (»Mozaraber«). Auch die große jüdische

Gemeinde in Spanien genoss weitgehende Toleranz und partizipierte gleichzeitig an der Arabisierung der Lebenswelt und Kultur. Aus ihr gingen so bedeutende Philosophen wie **Salomo ibn Gabirol** (lat. Avicebron, 1020–1058) und **Maimonides** (Musa ibn Maimun, 1135–1204) hervor. Ihr Denken stand nicht nur in den Traditionen des Judentums, sondern griff sowohl die islamische Antikenrezeption als auch die Philosophie der Muslime auf. Manches davon wurde durch ihre Philosophie an das lateinische Mittelalter weitervermittelt.

Den Höhepunkt an Macht und Wohlstand erreichte das islamische Spanien in der Regierungszeit von Abd ar-Rahman III. (912–961). Danach kam eine Zeit, in der die so genannte »Reconquista«, oft als »Rückeroberung Spaniens von den Mauren« bezeichnet, an Dynamik gewann. Hintergrund dafür war weniger ein Glaubenskrieg zwischen Muslimen und Christen als vielmehr die Zerrissenheit von al-Andalus, das nach dem Tod des letzten Umayyadenfürsten 1008 in über dreißig unabhängige lokale Kleinfürstentümer zerfiel. Dazu waren auch christliche zu rechnen, die bis dahin die Umayyaden als Lehnsherren anerkannt hatten. Die Kleinstaaten führten untereinander erbitterte Kämpfe um die Vorherrschaft, die von wechselnden Koalitionen zwischen christlichen und islamischen Herrschern geprägt waren; erst im weiteren Verlauf der »Reconquista« gewann das religiöse Motiv an Bedeutung. Die Streitigkeiten innerhalb Spaniens führten auch zu neuen Invasionen aus Nordafrika und spalteten das Land weiter. Das Entstehen christlicher Königreiche beschleunigte den Zerfall des arabischen Spanien. Schon 1085 wurde Toledo erobert, 1236 Cordoba und 1248 Sevilla. Nur noch Granada blieb bis 1492 arabisch, dann wurde es von den vereinigten Königreichen Aragon und Kastilien erobert. Dem Untergang des arabischen Spaniens folgte eine lange Phase der religiösen Intoleranz und der Geistfeindlichkeit. Mehr als drei Millionen Muslime, Juden und auch viele arabisierte Christen mussten fliehen; im eroberten Granada flammten kurz nach der Machtübernahme durch die katholischen Könige die Scheiterhaufen auf. Zunächst waren es die Bücher der Araber und Juden, die in Flammen aufgingen und das Erbe eine der reichsten Kulturen des Abendlandes vernichteten. Doch »das war ein Vorspiel nur, dort wo man Bücher/Verbrennt, verbrennt man auch am Ende Menschen«, wie Heinrich Heine in seiner Granada-Tragödie *Almansor* schrieb.

6.1 Ibn Badjdja und Ibn Tufayl

Zur kulturellen Blüte von al-Andalus gehörte auch die Philosophie. Allerdings tritt sie hier erst seit dem 12. Jahrhundert durch bedeutende Einzelpersönlichkeiten hervor. Dafür kann man zwei Gründe anführen: Während im Osten der islamischen Welt die Philosophie vor allem mit der Tätigkeit der Übersetzer antiker Texte beginnt, fehlte eine solche Phase in al-Andalus. Hier hatten sich nach dem Zerfall der antiken Welt und der Völkerwanderung weniger klassische Texte erhalten; zudem fehlte die Gruppe der syrisch sprechenden christlichen Gelehrten, die im Osten eine wichtige Vermittlerposition einnahmen. Außerdem galt die Philosophie im umayyadischen al-Andalus als diskreditiert, weil sie im Osten von den abbasidischen Feinden gefördert wurde. Erst im Zuge des regen Kulturaustausches zwischen al-Andalus und der übrigen islamischen Welt gelangte neben den anderen Wissenschaften auch philosophische Literatur vermehrt nach al-Andalus.

Der erste große Philosoph des arabischen Spaniens war Abu Bakr ibn Yahya al-Sa'igh, bekannt als Ibn Badjdja (der Avempace des lateinischen Mittelalters). Er wurde am Ende des 11. Jahrhunderts in Saragossa geboren, wo er auch den größten Teil seines Lebens verbrachte. Hier spielte er im politischen Leben der Stadt eine zeitweise bedeutende Rolle, war mehrere Male Minister und bezahlte für seine politische Karriere mit mehrmaligen Gefängnisaufenthalten. Er verließ die Stadt, kurz bevor sie von christlichen Heeren erobert wurde, und übersiedelte nach Nordafrika, wo er 1138 in Fes starb. Seine Philosophie war vor allem orientiert an al-Farabi, dessen Schriften er kannte, während er wohl von Ibn Sina keine und von al-Ghazali nur geringe Kenntnisse hatte. Entsprechend war eine an al-Farabi orientierte aristotelisch-neoplatonische Philosophie sein Ausgangspunkt, im Mittelpunkt stand das farabianische Thema einer Staatstheorie. Dabei unterschied sich die Emanationslehre und die damit verbundene Epistemologie nicht wesentlich von der al-Farabis, wurde von Ibn Badjdja aber in zwei wichtigen Punkten ergänzt. Die Verbindung des menschlichen Intellekts mit dem aktiven Intellekt war für al-Farabi ein das jeweilige Subjekt betreffender Vorgang, der dieses in den Zustand der Erleuchtung heben konnte. Für Ibn Badjdja dagegen wandelte sich diese numerische Vielheit der einzelnen Intellekte auf der höchsten Stufe zu einem einzigen Intellekt, dem nun alle Einzelwesen angehörten, zumindest im Zustand nach dem Tod, wenn sich die unsterblichen Seelen von den Körpern getrennt hatten. Hier bestand der aktuelle Intellekt der Menschen als numerisch einer fort, als eine Einheit des Intellekts. Dieser Gedanke beeinflusste später Ibn Ruschd in seiner Theorie von der Einheit des Intellekts, der deshalb so revolutionär war, weil er die Unsterblichkeit der Seele als einem imaginären, transzendenten Zustand in einen realen, historischen verwandelte: in die Unsterblichkeit des einheitlichen Intellekts der Menschheit als Erkenntnisfortschritt. Der zweite epistemologische Unterschied zu al-Farabi war die Betonung der Rolle des Intellekts bei der Erlangung des Zustandes von Glückseligkeit. Ibn Badjdja verweist in diesem Zusammenhang auf al-Ghazali und dessen Behauptung, die Vereinigung mit Gott komme, etwa im Sufismus, nicht durch die Aktualisierung des Intellekts zustande, sondern durch eine mystische Erfahrung. Dagegen ist für Ibn Badjdja die Vereinigung des menschlichen Geistes mit dem aktiven Intellekt in jedem Falle selbst ein intellektueller Vorgang, hat also Philosophie und Wissenschaft zur Vorbedingung. Die Glückseligkeit der Gottesschau ist notwendig an philosophisch-rationale Erkenntnis gebunden und eben kein Ergebnis mystischer Erfahrung. Auch darin folgte ihm Ibn Ruschd.

Ibn Badjdjas Staatstheorie ist weitgehend an al-Farabi angelehnt, aber auch hier gibt es interessante Unterschiede. So wertet er etwa den Einfluss der Philosophen anders als sein Vorbild al-Farabi. Für diesen waren die tugendhaften Menschen im Unrechtsstaat dazu verdammt, entweder ihre Tugendhaftigkeit zu verlieren oder das Gemeinwesen zu verlassen und sich einen besseren Staat zu suchen. Sollte sich ein solcher nicht finden lassen, dann sei der Tod für den Philosophen besser als ein Verlust der Tugend. Zugleich war es ein Charakteristikum eines jeden Staates, auch des Idealstaates, dass es in ihm störende Elemente geben könne, die al-Farabi in der *madina* »Unkraut« nennt. Ibn Badjdja stellt nun eine interessante Analogie zwischen den asozialen Elementen, dem »Unkraut«, und den Philosophen her.

Auch diese können in den Augen einer Mehrheit im Unrechtsstaat, die keine Tugend besitzt, zum »Unkraut« werden. Und mehr
noch: Die Philosophen sollten diese Rolle annehmen und durch ihr
Wirken eine Art »Therapie des Gemeinwesens«[1] betreiben. In einem
Tugendstaat hingegen sind solche Formen des Gemeinschaftssinns
unnötig, ja auch Richter und Beamte, selbst Ärzte sind hier nicht
vonnöten, denn der ideale Staat kenne keine Störungen, die solche
»Experten« erfordern. Ibn Badjdja übernimmt hier statt al-Farabis
pessimistischer Sicht die idealistische aus Platons *Politeia*. Allerdings
wird gerade dadurch der »ideale«, tugendhafte Staat zu einer kaum
realisierbaren Hoffnung. So kommen zwei entgegengesetzte Akzente
in Ibn Badjdjas Staatstheorie: Sie ist prinzipiell hoffnungsloser als die
al-Farabis und zugleich verhalten optimistischer, denn die Rolle tu-
gendhafter Menschen als Verbesserer und Therapeuten des Gemeinwesens verspricht wenigstens eine allmähliche Verbesserung der
bestehenden Unrechtsstaaten. Zwar ist das Entstehen eines Idealstaates genau wie in Platons und al-Farabis Utopien letztlich an die
Fähigkeit der Individuen zur Verbindung mit dem aktiven Intellekt
und damit zur Tugendhaftigkeit geknüpft, aber indem Ibn Badjdja
den tugendhaften Gesellschaftsmitgliedern eine »therapeutische«
Aufgabe zuweist, eröffnet er eine Reflexionsebene über die sozialen
Bedingungen der Möglichkeit von Moralität innerhalb eines Gemeinwesens. Außerdem gelangt mit der Gleichsetzung der philoso-
phierenden Minderheit mit dem marginalisierten, unerwünschten
»Unkraut« der Gesellschaft ein subversiver Ton in seine Staatstheorie.
Konsequent weiter gedacht, führt dies direkt zu der Frage, inwieweit
moralische Maßstäbe das Produkt von Selbst-und Fremdzuschrei-
bungen einer Gesellschaftsmehrheit gegenüber Minderheiten sind,
ohne wirklich rationale Gründe dafür vorbringen zu können. Freilich
sind beide Denkansätze weder bei Ibn Badjdja noch in der späteren
arabisch-islamischen Philosophie weiter verfolgt worden.

Abu Bakr ibn Tufayl (lat. Abubacer, 1105–1185) war der zweite
bedeutende Philosoph im arabischen Spanien. Er wurde in der Nähe
von Granada geboren. Unter den Almohadenherrschern wirkte er als
Arzt, Astronom und Philosoph auf zahlreichen hohen Verwaltungs-

---

1 Arab. »tibb al-mu'asharat«, vgl. Ibn Badjdja 1991, 43ff.

posten. Er soll viele philosophische und naturwissenschaftliche Werke geschrieben haben, von denen aber nur eine einzige Schrift erhalten blieb. Dieses kleine Werk, eine Art **philosophischer Entwicklungsroman**, war allerdings sehr folgenreich: Er lieferte das Vorbild für eines der berühmtesten und meistgelesensten Werke der europäischen Literatur: den *Robinson Crusoe* (1719) des Daniel Defoe. Ibn Tufayl beginnt seine philosophische Erzählung mit einem Vorwort, das den Eindruck erweckt, die Antwort auf die Frage eines Freundes zu sein, der ihn gebeten hatte, ihm die Geheimnisse von Ibn Sinas Philosophie zu erklären. Ibn Tufayl nutzt die Einleitung zu einer Kritik der bisherigen Philosophie: Er schließt darin sowohl die griechischen Klassiker als auch die arabisch-islamische Philosophie ein. Er verweist auf innere Widersprüche in den Darstellungen al-Farabis und Ibn Badjdjas, und kritisiert schließlich auch al-Ghazali für dessen indifferente Haltungen in seinen verschiedenen Darstellungen der Philosophie. Lediglich Ibn Sina hat seiner Ansicht nach den Wahrheitssuchenden den richtigen Weg gewiesen: Nicht allein der rationale Weg der Erkenntnis führt letztlich zum Heil des Menschen und zur Vollkommenheit, sondern die mystische Einsicht, die »ekstatische Schau« in die Gottesordnung. Von Ibn Sina übernimmt er auch den Titel für seinen Roman: *Hayy ibn Yaqzan – Der Lebende, Sohn des Wachenden*. Ibn Tufayl aber verfasste einen philosophischen Roman, der weit über Ibn Sinas Vorlage hinausgeht.

Der philosophische Roman Hayy ibn Yaqzan

Die Geschichte beginnt auf einer tropischen Insel, auf der ein Säugling ausgesetzt wurde und nun von einer Gazelle aufgezogen wird. Durch die Kraft seines eigenen Denkens lernt Hayy, sich zu kleiden, zu bewaffnen und zu jagen. Als schließlich seine Ziehmutter, die Gazelle, stirbt, versucht er verzweifelt, an der Leiche eine mechanische Ursache für den Tod zu finden, und erkennt dabei, dass die Ursache des Lebens etwas Immaterielles, nämlich der Geist ist. Von jetzt an ist sein Reifungsprozess nicht mehr nur auf das Überleben gerichtet, sondern erhält eine philosophische Richtung. Er untersucht die Natur und gelangt zu den Prinzipien klassischer Metaphysik: die

Unterscheidungen zwischen Einheit und Vielheit, zwischen Akzidenz und Substanz, die Notwendigkeit der natürlichen Wirkursachen, und so gelangt er logischerweise zur ersten Ursache und schließlich zur Möglichkeit der Einsicht in die Notwendigkeit eines Schöpfers alles Seienden. Nachdem er so Gott rational erkannt hat, will er sich ihm durch Kontemplation, durch Askese und spirituelle Übungen nähern. So erreicht er den Zustand der Glückseligkeit, erkennt in einer Vision die emanative kosmische Ordnung und den höchsten Grad menschlichen Bewusstseins, der nicht mehr rational ist:

»Er ließ nicht nach in seinem Bemühen, zur Vernichtung des Bewusstseins seiner selbst zu gelangen, zum vollständigen Aufgehen in der reinen Schau des Wahren Wesens; und schließlich gelang es ihm: Alles verschwand aus seinem Gedächtnis und seinen Gedanken, alle geistigen Formen, alle körperlichen Vermögen [...] Es blieb nur der einzige, der Wahre, das ewige Wesen [...]« (Tufayl 1987, 130f.)

Dieser Geschichte eines sich aus sich selbst entwickelnden Weisen lässt Ibn Tufayl einen zweiten Teil folgen, der vielleicht der noch interessantere ist. Auf einer Nachbarinsel nämlich lebt ein Volk, dem von einem alten Philosophen eben die philosophischen Einsichten in symbolischer, bildhafter Form geoffenbart wurden, die Hayy kraft seines Verstandes selbst entdeckt hatte. Doch dieses Volk nimmt die Bilder und Symbole dieser Religion wörtlich. Nur der Denker Absal will hinter die Bedeutung der bildhaften Sprache vordringen und verlässt, als ihm dies in der Gemeinschaft nicht möglich ist, schließlich seine Insel. Er landet just auf dem Eiland, auf dem Hayy lebt. Absal lehrt Hayy die Sprache und entdeckt seinerseits, dass Hayy ohne die Symbolik einer Religion zu den tiefsten Wahrheiten vorgedrungen ist, nach denen Absal seinerseits gesucht hat. Sie kehren beide auf Absals Insel zurück, und Hayy beginnt, den Menschen die Bedeutung der Symbole und Bilder der Religion zu erklären, um ihnen den Weg zur ekstatischen Vereinigung mit Gott zu ermöglichen: »Was ihn so denken ließ, war die Vorstellung, dass alle Menschen über einen vortrefflichen Charakter, einen durchdringenden Geist, eine standhafte Seele verfügen. Er wusste nicht, wie träge und schwach ihr Geist, wie falsch ihr Urteil ist, kannte nicht ihren Wankelmut.« (Ebd., 160) Also muss er bald einsehen, dass ihn die Menschen nicht verstehen und sich durch seine Weisheit eher bedroht fühlen: »Jede Ermahnung bleibt ohne Wirkung bei ihnen, guter Zuspruch bewirkt kein Handeln, Debatte führt bei ihnen nur zu Halsstarrigkeit; und die Weisheit, kein Weg steht ihnen zu ihr offen, und sie haben keinen Teil an ihr.« (Ebd., 163f.) Resigniert zieht sich Hayy zusammen mit Absal wieder auf die einsame Insel zurück, nicht ohne die Menschen ermahnt zu haben, sich lieber an den Wortsinn der Symbole der Religion und an die Traditionen zu halten, als durch eigenes Denken in Häresien zu verfallen. Denn »er und sein Freund Absal hatten erkannt, dass es für diese Art Mensch, schafsgleich und machtlos, nur diesen einen Weg gibt zum Heil. Lenkt man sie davon ab, um sie auf die Höhen der Spekulation zu entführen, so lässt ihr Zustand sie nur in umso tiefere Verirrungen geraten.« (Ebd., 166)

Dieser zutiefst pessimistische Schluss scheint in der Tradition von al-Farabi und Ibn Badjdja zu stehen. Zunächst ist Hayys rationale wie mystische Weltdurchdringung gespiegelt in den symbolischen Formen der Religion. Dahinter steht die bekannte These, dass Philosophie und Religion letztlich dieselbe Wahrheit enthalten. Aber während die philosophische Erkenntnis wenigen zur Weisheit Begabten vorbehalten bleibt, muss die Mehrheit der Menschen strikt und buchstabengläubig der geoffenbarten Religion folgen, weil ihr Verstand und auch ihr Charakter nicht ausreicht, um Philosophie zu begreifen und das Leben eines »Weisen« zu führen. Daraus ergibt sich der Status des Philosophen in der Gesellschaft. Er muss seine Weisheit durch Weltabgewandtheit erkaufen. Der Philosoph hat also keine andere Funktion für die Entwicklung einer Gesellschaft, als sie durch sein Denken der tiefsten Wahrheiten singulär, nämlich durch seine vereinzelte Existenz, ein winziges Stück besser zu machen. Es besteht keine Chance, seine Erkenntnisse seinen Mitmenschen mitzuteilen und dadurch die Gesellschaft zu verbessern, denn die Menschen können ihn nicht verstehen und brauchen stattdessen die patriarchalische Leitung durch die strikten Gebote und die symbolischen Erzählungen der Religion. Umso erstaunlicher ist es nun, dass Ibn Tufayls Buch ausgerechnet in der **europäischen Aufklärung** große Aufmerksamkeit erfuhr. 1671 übersetzte Edward Pococke den arabischen Text ins Lateinische, 1708 folgte eine englische Übersetzung aus dem Arabischen durch Simon Ockley. Auf diesen beruhten die deutschen Ausgaben von Pritius (1726) und Eichhorn (1783). Die

Titel, die Pococke und Pritius ihren Übersetzungen gaben, bringt uns auf die Spur des Defoeschen *Robinson*: *Philosophus autodidactus* oder *Der von sich selbst gelehrte Weltweise*. Defoes Buch wie überhaupt die frühe Aufklärung ist geprägt von der Überzeugung, dass der Mensch mittels seiner Vernunft nicht nur zu jeder Überlebensleistung fähig ist, sondern dazu auch keiner Unterrichtung durch eine höhere, etwa transzendente Instanz bedarf. Ganz »aus sich selbst« sei der Mensch in Lage, die Geheimnisse der physischen Welt zu enträtseln und dabei auch den humanistischen Kern der Religionen, etwa als Sittengesetz, aus der eigenen Vernunft abzuleiten. Dies findet etwa in Lessings *Erziehung des Menschengeschlechts* (1780) seinen idealen Ausdruck, der übrigens genau wie Moses Mendelssohn Ibn Tufayls Roman kannte und schätzte. Dabei lassen sich die Interpreten der Aufklärung nicht vom pessimistischen Fazit des Romans abschrecken, nämlich dass die Masse der Menschen zur Einsicht nur mittels der symbolischen Formen des Religiösen gelangen, der Philosoph hingegen durch die begriffliche Vernunft.

Für die Aufklärer zählt, dass Ibn Tufayl seinen Hayy den Weg der Vernunft gehen lässt, um zu den Geheimnissen der Religion vorzudringen. Dies wird gedeutet als das Bekenntnis zur Überlegenheit der philosophischen Vernunft gegenüber den heiligen Texten und religiösen Belehrungen. So zeigt sich nicht nur, wozu das vernünftige Subjekt aus sich selbst heraus fähig ist, sondern prinzipiell den **Triumph der Philosophie gegenüber Religion und Dogmatismus**. Dadurch lässt sich Ibn Tufayls philosophischer Roman als Dokument einer Aufklärungstradition einordnen, die zu allen Zeiten und durch alle Kulturen hindurch die Autonomie des vernünftigen Subjekts propagiert.

Es soll freilich nicht verschwiegen werden, dass eine solche Interpretation von Ibn Tufayl bei zeitgenössischen Interpreten, besonders aus den Islamwissenschaften, auf Skepsis stößt. Hier wird der *Hayy ibn Yaqzan* gerade als Beleg für einen resignativpessimistischen Rückzug der Philosophie in einer zunehmend von der religiösen Orthodoxie dominierten islamischen Kultur gesehen.

6.2 Ibn Ruschd (Averroes)

Noch stärker, als Ibn Tufayls Roman im europäischen 17. und 18. Jahrhundert Beachtung fand, war das europäische Mittelalter beeinflusst durch den arabischen Philosophen Ibn Ruschd aus Cordoba. Noch Dante erwähnte ihn in seiner *Göttlichen Komödie* als »Averroes, der den großen Kommentar gemacht« (Inf IV, 144). Es ist ein besonderes Phänomen der Geistesgeschichte, dass Ibn Ruschds Philosophie ihre größte Wirkung im europäisch-christlichen Denken erzielte und nicht im arabischislamischen. Hier setzt eine breit angelegte Rezeption und Diskussion erst im Gefolge der Moderne ein, besonders in den letzten dreißig Jahren. Auch dies scheint erstaunlich: Was könnte ein Philosoph des Mittelalters einer Welt der Moderne mit ihren völlig anderen geistigen Paradigmen und gesellschaftlichen Problemen zu sagen haben? Sehr viel mehr als irgendein anderer arabisch-islamischer Philosoph gilt Ibn Ruschd innerhalb der arabischen Welt heute als Denker einer autochthonen, also eigenständigen und von Europa unabhängigen Tradition der Aufklärung innerhalb der islamischen Kultur. So wird die einerseits geringe Wirkung innerhalb dieser Kultur im Umkreis seines Lebens und andererseits seine Bedeutung für den Gegenwartsdiskurs erklärt: Während sein Denken zu seiner Zeit auf ein wenig bereites gesellschaftliches wie geistiges Umfeld stieß, liegt die Attraktivität seiner Philosophie in der Gegenwart bei seiner kritischen Analyse des Verhältnisses von Vernunft und Glauben, also bei einem Thema, das für den Gegenwartsdiskurs im Islam von zentraler Bedeutung ist.

Abu al-Walid Muhammad ibn Ahmad ibn Ruschd, in der europäischen Philosophie als Averroes bekannt, wurde 1126 in einer Familie von politisch einflussreichen Richtern in Cordoba geboren. Er durchlief ein umfassendes Studium, zu dem nicht nur Philosophie, Mathematik und Naturwissenschaften gehörten, sondern auch eine Ausbildung als Arzt und als Richter, und in diesem Zusammenhang in islamischer Theologie. Als 1169 der Almohadenherrscher in Marrakesch (Marokko), Abu Yaqub Yusuf, einen Kommentator suchte, der ihm Aristoteles verständlich machen sollten, empfahl der damalige Hofarzt Ibn Tufayl den jungen Ibn Ruschd für diese Aufgabe. Es kann vermutet werden, dass Ibn Tufayl im Folgenden der Lehrer und

Förderer von Ibn Ruschd war. Dieser übte ab 1171 das Amt des Oberrichters von Cordoba aus und folgte 1182 Ibn Tufayl im Amt des Hofarztes nach. Lange Jahre wirkte er in verschiedenen Ämtern für die Almohaden, bis er in Ungnade fiel. Seine Bücher wurden öffentlich verbrannt, und er musste ins Exil gehen. Dafür war wahrscheinlich der Druck konservativer Religionsgelehrter auf den Fürsten verantwortlich; schließlich trat Ibn Ruschd durch einige markante Thesen zum Verhältnis von Glaube und Vernunft hervor. Doch muss sein Einfluss auf den Almohadenfürsten so groß und sein öffentlicher Ruf so gut gewesen sein, dass seine Verbannung nur kurze Zeit dauerte und er nach seiner Rückkehr bis zu seinem Tod 1198 wieder offizielle Funktionen an Hof des Herrschers ausüben konnte.

Metaphysik

Es ist bezeichnend, dass Ibn Ruschds »Karriere« als Philosoph mit einem Kommentar zu Aristoteles begann. Denn er war durch und durch Aristoteliker, und das europäische Mittelalter nannte ihn schlicht »den Kommentator«, nämlich des Aristoteles. Gelegentlich ist diese Anlehnung so groß, dass er etwa aristotelische Gedanken zur Naturphilosophie und Physik gegen die neueren Erkenntnisse arabisch-islamischer Forscher verteidigt, auch wenn diese die Fragen eindeutig besser beantwortet hatten als der antike Meister. Diese Rigidität hat ihm den Vorwurf eingebracht, nur ein Epigone des Griechen zu sein. Tatsächlich geht seine Philosophie weit über Aristoteles hinaus, zumal neben den Aristoteleskommentaren auch Erläuterungen zu anderen antiken Philosophen, etwa zu Platons *Politeia* (dieses Werk ist nur in einer hebräischen Übersetzung überliefert), Porphyrios' *Isagoge* oder Ptolemäus' *Almagest* entstanden. Gegenüber Ibn Sina nimmt Ibn Ruschd eine zwiespältige Haltung ein. In seinem Hauptwerk, dem *Tahafut*, verteidigt er Ibn Sina gegen al-Ghazalis Angriffe, aber zugleich setzt er sich sehr kritisch mit ihm auseinander und widerlegt einige seiner zentralen Thesen. Dies gilt vor allem der platonischen Ideenlehre, die im Mittelalter als **Universalienrealismus** bezeichnet wurde. Für den Universalienrealismus sind nicht die der Erfahrung zugänglichen, sinnlich wahrnehmbaren Dinge die Realität, sondern quasi »hinter« ihnen verbergen sich abgetrennte Substanzen in Gestalt der »Ideen« oder »Universalien«. Ibn Ruschd dagegen sieht in den Universalien die Wirkung des aktiven Intellekts auf die menschlichen Seelen und spricht ihnen außerhalb der Seelen keine eigene Existenz zu. Der Verstand selbst bildet die Universalbegriffe, indem er die Formen von den einzelnen Dingen der Erfahrung abtrennt. Die Formen sind das den stofflichen Dingen immanente Element der intelligiblen Welt. Dadurch **vertritt Ibn Ruschd eine gemäßigt nominalistische Position**, nämlich dass die Universalien eigentlich Begriffsschöpfungen, also Benennungen (»nominatio«) des Verstandes sind. Weil aber die Formen das Allgemeine, »Ideenhafte« in den Einzeldingen selbst sind, bedarf nicht nur der Verstand der Anschauung der konkreten Einzeldinge, um zur »Idee« der Formen zu gelangen. Auch die intelligible Welt der reinen Formen selbst bedarf der konkreten Dinge, um sich zu verwirklichen. Dies kann man, wie Bloch es getan hat, als ein materialistisches Denken begreifen. Tatsächlich geht es Ibn Ruschd aber eher darum, dass die geistige Erkenntnis immer das Erfassen des realen Allgemeinen ist, also das Sein der Dinge in den Dingen der sinnlichen Erfahrung selbst entdeckt werden kann, ohne dass man mit Platon eine Verdoppelung der Dinge in Erscheinung und Wesen annehmen muss. Diese Gedanken werden in der europäischen Philosophie des Mittelalters im gemäßigten Nominalismus wieder auftauchen und stärken hier die Position des Aristotelismus.

Die Werke, in denen Ibn Ruschd eigenes Denken am deutlichsten wird und die heute von größtem Interesse sind, waren weitgehend Auseinandersetzungen mit den Angriffen der Theologen auf die Philosophie, etwa der *Tahafut* von al-Ghazali. Zu ihm verfasste Ibn Ruschd eine große Kommentierung, in der er al-Ghazalis Argumente zunächst getreulich referiert, um sie anschließend systematisch zu widerlegen. Dieses *Tahafut at-Tahafut* (*Destructio destructionis, Die Inkohärenz der Inkohärenz*) gilt als das Hauptwerk von Ibn Ruschd. Hier ist auch seine Auseinandersetzung mit dem Kausalitätsbegriff al-Ghazalis zu finden. Er greift dessen Beispiel von dem Stück Baumwolle auf, das ins Feuer gerät und von dem al-Ghazali bemerkt, man könne einen Zusammenhang zwischen Feuer und Brennen nur *post hoc*, aber nie *propter hoc* annehmen. Entsprechend sieht er das Feuer nur als

»metaphorische« Ursache des Brennens an. Lakonisch fragt Ibn Ruschd zurück, ob dann ein Mensch, der zufällig in ein Feuer fällt, auch nur metaphorisch verbrennen würde. Für ihn ist evident, dass alle Dinge eben auch Eigenschaften besitzen, die sie überhaupt erst zu dem machen, was sie sind. Beim Feuer ist dies etwa das Verbrennen von dem, was mit ihm in Berührung gerät, und entsprechend muss das Feuer auch jeweils als Ursache begriffen werden. Sonst wäre es weder möglich, von den Dingen selbst etwas auszusagen, noch über eine Weltordnung, und damit würde auch die Möglichkeit entfallen, Gott als erste Ursache zu begreifen und damit zu beweisen. Neben dem *Tahafut* entstanden einige kleinere Schriften zum Verhältnis von Vernunft und Glaube: das *Fasl al-Maqal* (*Die entscheidende Abhandlung*) und das *al-Kashf 'an manahidj al-adilla* (*Untersuchung der Beweise hinsichtlich der Glaubensvorstellungen*).

Für das lateinische Mittelalter waren vor allem die Kommentare zu Aristoteles von größter Bedeutung. Hier unterscheidet man zwischen den Kurzen, Mittleren und Großen Kommentaren, die sich jeweils durch ihre Herangehensweise voneinander unterscheiden. Sind die Kurzen Kommentare vom Grundtext weitgehend unabhängig und versuchen, den Hauptinhalt ihrer Vorlagen zu exzerpieren, haben die Mittleren die Form einer konzentrierten Darstellung. Die Großen Kommentare, die vor allem für die europäische Scholastik am wirkmächtigsten waren und von denen sich nur fünf erhalten haben (Zweite Analytik, Physik, De caelo, De anima und Metaphysik), gehen ihre Vorlagen systematisch und umfassend durch. Manche aristotelischen Texte (wie z.B. De anima) sind gleich mehrfach von Ibn Ruschd kommentiert worden.

Die **zentralen Gedanken** der Philosophie von Ibn Ruschd, die sich aus seinen Kommentaren und den übrigen Werken ergeben, fasst die Forschung gerne in vier Thesen zusammen: die Lehren von der Ewigkeit der Welt, der Einheit eines für alle Menschen gleichen Intellekts, der philosophischen Lebensweise als Möglichkeit einer diesseitigen Glückseligkeit und schließlich die – freilich höchst umstrittene – These von der »Doppelten Wahrheit«.

Glaube und Vernunft

Im *Fasl*, genau wie in seinem *Tahafut*, versucht Ibn Ruschd den Vorwurf des Abfalls vom Glauben, den al-Ghazali den Philosophen und besonders al-Farabi und Ibn Sina gemacht hatte, zu entkräften. Dabei folgt er jenem Prinzip, dass auch seine Vorgänger vertreten hatten: Die Wahrheiten von Religion und Philosophie widersprechen sich nicht.

»Da diese religiösen Gesetze Wahrheit sind und zu der Spekulation auffordern, welche zur Erkenntnis der Wahrheit führt, so wissen wir Muslime positiv, dass die demonstrative Spekulation nicht zu einem Widerspruch zu dem geoffenbarten Gesetz führt. Denn die Wahrheit kann der Wahrheit nicht widersprechen; im Gegenteil, sie stimmt mit ihr überein und legt-Zeugnis von ihr ab. [...] Wenn aber die Religionsquelle davon spricht, so wird der äußerliche Wortlaut mit dem, wozu die Demonstration in diesem Betreff führt, übereinstimmen oder nicht. Stimmt er überein, so ist weiter nichts zu sagen. Ist er im Widerspruch, so wird eine Interpretation gesucht. Die Bedeutung der Interpretation aber ist, den Sinn des Wortes aus seinem eigentlichen Sinn in einen figürlichen herauszuführen, ohne dass dadurch der Sprachgebrauch beeinträchtigt wird.« (Ibn Ruschd 1991, 7)

Der Widerspruch zwischen einer bewiesenen philosophischen Wahrheit und dem wörtlichen Sinn eines religiösen Textes besteht also nur scheinbar und löst sich auf, indem man den religiösen Text metaphorisch versteht. Dies heißt aber auch, dass die Philosophen auf einer intellektuellen Stufe mit den »religiösen Gesetzgebern« stehen und die Philosophie mit der geoffenbarten Religion, wie Ibn Ruschd in seinem *Politeia*-Kommentar ausführt: Die Absicht der Prophetie »ist dabei an sich die Art und Absicht wie die der Philosophie« (Ibn Ruschd 1996, 93). So eindeutig aber die »Wahrheit der Wahrheit nicht widersprechen kann«, so uneindeutig ist die Fähigkeit der Menschen, diese Wahrheit überhaupt zu erkennen. Weil nämlich »nicht alle Menschen vermöge ihrer Naturanlagen der Demonstration fähig sind, auch nicht der dialektischen Sätze, geschweige der demonstrativen«, und da umgekehrt »die Religion allein zum Zweck hat, alle insgesamt zu unterrichten, so ist notwendig, dass die Religion alle Arten von Methoden des Fürwahrhaltens und die Arten der Methoden des Begreifens in sich enthalte« (Ibn Ruschd 1991, 20). Deren größter Teil richtet sich in symbolischen Formen und Sprachbildern an die Masse der Gläubigen, und nur ein kleiner Teil folgt der 59. Koransure, Vers 2, die Ibn Ruschd zitiert: »Denkt nach, ihr alle die ihr Einsicht habt!« Die Wahrheiten der spekulativen Philosophie sind also nur wenigen Gelehrten vorbehalten. Diese Betonung der Exklusivität der Philosophie hat bei europäischen Interpreten der Gegenwart zu dem Vorwurf geführt, Ibn Ruschds Plädoyer für die Freiheit des Geistes sei eben nur eine elitäre Attitüde, bei der Wissen und philosophische Einsicht kein Mittel zur Befreiung der Menschen sei. Diese Bewertung zeugt von wenig Einfühlungsvermögen in die Situation eines Intellektuellen in der von orthodoxer Religiosität und despotischer Herrschaft dominierten mittelalterlichen Kultur.

Gerade Ibn Ruschd findet deutliche Worte für die politischen Zustände seiner Zeit. Im Kommentar zur *Politeia* stellt er die Beziehung zwischen politischer Herrschaft und religiösen Legitimationsgebern her: Im »tyrannischen« Staat verfolgen »die Herren mit der Masse keine andere Absicht als ihre eigene allein. Darum führt die Ähnlichkeit zwischen den priesterlichen und den tyrannischen Staaten oft dazu, dass die priesterlichen Teile, die sich in jenem Staat finden, sich in die tyrannischen verwandeln und den verächtlich machen, dessen Absicht priesterlich ist, wie es mit den priesterlichen Teilen der Fall ist, die sich in den in unserer Zeit existierenden Staaten finden.« Diese an Deutlichkeit kaum zu überbietende Kritik der Religionsgelehrten im Islam fügt Ibn Ruschd schließlich noch die Konkretisierung hinzu: »Ein Beispiel dafür ist die Herrschaft, die sich in unserem Land, in Cordoba, findet.« (Ibn Ruschd 1996, 119ff.) Den bestehenden Verhältnissen stellt Ibn Ruschd in seinem Platon-Kommentar die These entgegen, dass die religiösen Gesetze immer nach ihrer Übereinstimmung mit den vom Menschen gemachten Gesetzen bewertet werden müssen. Die Parameter dafür sind die Regeln, die definieren, welche (politische) Ordnung der Bestimmung des Menschen gemäß ist, und zwar wie sie von der Philosophie als Vernunftwissenschaft vorgenommen werden. Die Superiorität der Philosophie ist also nicht zuerst ein elitärer Gestus, sondern beharrt auf dem Vorrang der vernünftigen Begründung von Gesetzen und politischen Ordnungen gegenüber der Behauptung, die menschlichen Gesetze müssten sich immer nach den religiösen richten.

Ibn Ruschd vertritt also keineswegs eine »doppelte Wahrheit«, sondern folgt vielmehr der Denkfigur, die schon von al-Farabi und Avicenna her bekannt ist: Da die religiöse Botschaft Ausdruck der göttlichen Allvernunft ist und der menschliche Intellekt seinerseits als Gottesschöpfung Anteil an dieser Vernunft hat, muss die vernunft-geleitete, begründete Erkenntnis auch der Wahrheit Gottes entspre-chen. Weil sich aber die religiöse Botschaft auch an jene richtet, die zu philosophisch-rationaler Erkenntnis nicht fähig sind, benutzt sie eine bilderhafte Sprache, deren äußerer Sinn scheinbar in Wider-spruch zur Vernunfterkenntnis treten kann. Damit verbindet sich allerdings die (auch schon von al-Farabi vertretene) Ansicht, dass die **philosophische Lebensweise** die eigentlich »richtige«, dem Men-schen angemessene ist. Dies war einer der wichtigsten Konfliktpunk-te, der zur Verurteilung der 219 philosophischen und theologischen Thesen durch Bischof Etienne Tempier 1277 führte. Sie richtete sich vor allem gegen Mitglieder der Pariser Universität, und hier beson-ders gegen die »lateinischen Averroisten« Siger von Brabant und Boe-thius von Dakien. Letzterer hatte geschrieben, dass ein Mensch, der nicht (philosophisch) denkt, »kein richtiges Leben« führe und damit »ein unvollkommenes Individuum seiner Gattung« sei.[2] Sowohl Ibn Rushd als auch die christlichen Averroisten konnten sich dabei direkt auf Aristoteles beziehen. Dieser schrieb in der Nikomachischen Ethik:

»So muss denn die Tätigkeit Gottes, die an Seligkeit alles übertrifft, eine den-kende (betrachtende) sein. Ebenso wird von den menschlichen Tugenden diejenige die seligste sein, die ihr am nächsten verwandt ist [...] Das Leben der Götter ist seiner Totalität nach selig, das der Menschen soweit, als ihnen eine Ähnlichkeit mit dieser Tugend zukommt. [...] Soweit sich demnach das Denken erstreckt, so weit erstreckt sich auch die Glückseligkeit, und den Menschen, denen das Denken in höherem Grade zukommt, kommt auch die Glückseligkeit in höherem Grade zu, nicht zufällig, sondern eben auf Grund des Denkens, das seinen Wert in sich selbst hat. So ist denn die Glück-seligkeit ein Denken.« (Aristoteles 1972, 1178b 21ff)

Den christlichen Philosophen ging es sicherlich in erster Linie darum, das philosophische Denken der Antike, das ihnen in Gestalt der In-

---

2   Vgl. Luca Bianchi, »Der Bischof und die Philosophen«, in: Flasch/Jeck 1997, 78

terpretationen des Ibn Ruschd entgegen trat, in die christliche Kultur zu integrieren. Aber sowohl im Kontext des Islam als auch des Christentums bedeutete dieser Gedanke eine unerhörte Provokation. Denn »Islam« bedeutet im Wortsinn die Hingabe und Unterwerfung unter den Gotteswillen zur Heilsgewinnung, und das Christentums folgte der augustinischen Formel »Ich will nicht verstehen, um zu glauben, sondern glauben, um zu verstehen«. Indem Ibn Ruschd unter Berufung auf Aristoteles die menschliche Glückseligkeit an die Fähigkeit zum Denken, also zur rationalen Weltdurchdringung bindet, betont er nicht nur die Autonomie des individuellen denkenden Subjekts gegenüber jeglicher innerweltlichen Autorität. Vielmehr liegt hier auch eine ethisch-politische Implikation. Denn wie Aristoteles zieht Ibn Ruschd daraus den Schluss, dass die individuelle Glückseligkeit die »guten äußeren Verhältnisse« zu Bedingung hat (Aristoteles, Nik. Eth. 1178b 33), mithin ein »richtiges Leben«, eine gelingende gesellschaftliche Praxis voraussetzt, und dass das erkenntnisorientierte Denken die praxisbezogene *phronésis*, die Klugheit, beinhalten muss (so etwa in seinem Kommentar zur aristotelischen Physik). Für den Muslim Ibn Rushd lag gerade darin der eigentliche Sinn der religiösen Offenbarung und der erneute Nachweis seiner These, »dass die Wahrheit der Wahrheit nicht widersprechen kann«. Im Kontext des christlichen Mittelalters bewirkte die Verurteilung dieses Denkens durch die Kirche gerade die verstärkte Übernahme aristotelischen Denkens und in der Konsequenz, dass die philosophische und wissenschaftliche Spekulation zunehmend eigene Wege ging und ihr Konflikt mit der Kirche und letztendlich mit dem Anspruch des Glaubens auf absolute Wahrheit überhaupt immer unverhohlener zu Tage trat. Während Siger von Brabant und Boethius von Dakien persönlich noch unbehelligt blieben (wenn auch ihre Werke größtenteils vernichtet wurden), sahen sich in den Jahrhunderten danach immer wieder Gelehrte auf Grund des Pariser Syllabus angeklagt und verurteilt – von Pico della Mirandola bis Galilei (vgl. Bianchi in: Flasch/ Jeck 1997, 82f). An diesem Konflikt war der »lateinische Averroismus« bis ins 16. Jahrhundert hinein beteiligt.

Es ist die **Überlegenheit des Denkens gegenüber dem Glauben**, der Ibn Ruschd das Wort redet, und für ihn ist es »das Geschäft der Philosophie, die Religion vor dem Verstand der Fortgeschrittenen zu überprüfen, mithin: statt Eingebung den Beweis sprechen zu lassen«, wie Bloch richtig interpretiert (Bloch 1972, 484). Also bleibt »in der Religion kein offenbart-übervernünftiger Rest, vor dem der Verstand agnostisch zu kapitulieren hätte« (ebd.), und genau dies ist die Wirkung, die Ibn Ruschd auf die Philosophie des ausgehenden Mittelalters in Europa hatte und die heute erneut in der arabisch-islamischen Gegenwartsphilosophie zu beobachten ist. Zudem setzt Ibn Ruschd dem Vernunftpessimismus des al-Ghazali einen ausgesprochenen Erkenntnisoptimismus entgegen.

Der unsterbliche Intellekt

Dieser Erkenntnisoptimismus kommt auch in Ibn Ruschds Intellekttheorie zum tragen. Sie war ein Hauptgrund für die gegen ihn gerichtete Polemik in der islamischen und christlichen Philosophie. Aristoteles hatte den Menschen als das Lebewesen definiert, das sich von allen anderen durch seinen Intellekt unterscheidet und in der Lage ist, allgemeine und unvergängliche Formen zu erfassen. Das führt zu dem Problem, dass nun geklärt werden muss, wie der Intellekt eines Menschen einerseits die allgemeinen, unvergänglichen und überindividuellen Formen erfassen, aber andererseits der konkrete Intellekt eines einzelnen Menschen sein soll. Aristoteles erklärte in *De anima* (Von der Seele): »Der Geist denkt nicht zuweilen und zuweilen denkt er nicht. Aber erst wenn er abgetrennt ist, ist er das, was wirklich ist, und nur dieses ist unsterblich und ewig.« (430a 22) Also unterschied er dafür zwischen dem passiven Intellekt, der vergänglich und sterblich ist und damit die Vorstellungskraft der jeweiligen Individuen meint, und dem aktiven Intellekt, der die intelligiblen, ewigen Formen von den Bildern der Vorstellungskraft abstrahiert. Der aktive Intellekt ist vom konkreten Körper abgetrennt und unvergänglich. Aber er bedarf, um die Vorstellungen des passiven Intellekts aktualisieren zu können, der Vermittlung durch den *intellectus possibilis*. Dieser ist die bloße Erkenntnisfähigkeit des Menschen und inhaltlich nichts ohne die Einwirkung durch den aktiven Intellekt. Damit aber war das Problem, wie sich die sterbliche, begrenzte Vorstellungswelt einzelner Menschen zur intelligiblen Welt des aktiven Intellekts verhält, nicht gelöst, sondern nur verlagert. Ibn Ruschd begriff den *intellectus possibilis* ebenfalls als unvergänglich. Er nennt ihn den »materiellen Intellekt« und argumentiert, dass dieser zwar Teil habe an den intelligiblen Formen, indem er sie dem passiven Intellekt vermittelt, aber zugleich angewiesen sei auf den konkreten Intellekt eines Menschen, also auf den passiven Intellekt mit seinen subjektiven Vorstellungen und Bildern von der Welt. Daraus erklärt sich der besondere Status des materiellen Intellekts. Der aktive Intellekt ist außerhalb des Menschen und umfasst die intelligiblen Formen. Der passive Intellekt ist Teil der Verbindung von Leib und Seele und wie diese vergänglich. Die Verbindung zwischen aktivem und passivem Intellekt im Denken des Menschen besteht in der Hervorbringung von Intelligibilia im Sinne von Instrumenten, durch die das menschliche Denken die intelligiblen Formen des aktiven Intellekts nutzen kann, dadurch »der habituelle Intellekt gleichsam Materie und Subjekt des aktiven« wird (Ibn Ruschd 2008, 275), und entsprechend der aktive Intellekt »in jeder Hinsicht mit uns verbunden ist« (edb. 281). Daraus schließt Ibn Ruschd: »Der Mensch gleicht daher […] in dieser Weise Gott darin, dass er in gewisser Weise alle Seienden ist und in gewisser Weise sie (alle) erkennt, denn die Seienden sind nichts anderes als seine Erkenntnis, und die Ursache der Seienden ist nichts anderes als seine Erkenntnis.« (ebd.) Stirbt aber ein Mensch, dann vergeht zwar die Einheit von Leib und Seele und mit ihr der passive Intellekt, aber nicht der materielle Intellekt, der als Habitus in seinem Denken enthalten ist. Er gehört nicht als Vielheit zu den einzelnen Menschen, sondern als Einheit zur menschlichen Gattung. Sofern also der menschliche Verstand durch den materiellen Intellekt die intelligiblen Formen, also die ewigen Wahrheiten, erkannt hat, nimmt er einen universalen Charakter an.

Nun gehört allerdings die Überzeugung von der Unsterblichkeit der Einzelseele zu den Grunddogmen sowohl des Islam wie des Christentums. Indem Ibn Ruschd die individuellen Einzelseelen für sterblich hält und nur den materiellen Intellekt als eine Art »Gattungsseele« für unsterblich, gerät seine Philosophie in Konflikt mit den religiösen Dogmen. Entsprechend feindselig war die Reaktion der religiösen Orthodoxie in beiden Religionen. Zu den in Paris verurteilten Thesen gehörte auch die averroistische Seelenlehre. **Tho-**

mas von **Aquin** verfasste die Streitschrift *Über die Einheit des Intellekts gegen die Averroisten* (*De unitate intellectus contra Averroistas*), die sich allerdings weniger direkt auf Ibn Ruschd als vielmehr auf den Philosophen **Siger von Brabant** bezieht, der sich deutlich zu Ibn Ruschds Intellekttheorie bekannte. Das Echo der averroistischen Lehre ist noch in Dantes *De Monarchia* (1313) zu finden. Aus Ibn Ruschds Auffassung vom unsterblichen Gattungsintellekt und seinem ständigen Fortschreiten in Wissensvermehrung und Reflexionsvermögen folgert **Dante Alighieri** die Notwendigkeit einer politischen Ordnung, die einen solchen Reifungsprozess ermöglicht und von ihm profitiert. Dadurch aber ist die sittliche Ordnung der menschlichen Gesellschaft eben letztlich kein Ergebnis einer verkündeten Gottesordnung, sondern Produkt der menschlichen Vernunft und auch nur durch diese zu rechtfertigen. In ähnlichem Kontext taucht Ibn Ruschds These auch im Gefolge der europäischen Aufklärung auf. In seinen *Ideen zur Philosophie der Geschichte der Menschheit* (1784/91) greift **Herder** sie an: »Auf diesen Weg der Averroistischen Philosophie, nach der das ganze Menschengeschlecht nur Eine, und zwar eine sehr niedrige Seele besitzet, die sich dem einzelnen Menschen nur teilweise mitteilet, auf ihm soll unsere Philosophie der Geschichte nicht wandern.« (Herder 1989, 338) Diese auf den ersten Blick gegen **Lessings** *Erziehung des Menschengeschlechts* gerichtete Spitze ist wohl eher direkt gegen **Kant** gerichtet. Hatte dieser doch in seiner *Idee zu einer allgemeinen Geschichte in weltbürgerlicher Absicht* (1784) geschrieben: »Am Menschen (als dem einzigen vernünftigen Geschöpf auf Erden) sollten sich diejenigen Naturanlagen, die auf den Gebrauch seiner Vernunft abgezielt sind, nur in der Gattung, nicht aber im Individuum völlig entwickeln.« (Kant 1968, VIII 18) Es ist eine interessante Spekulation, ob Kant hier tatsächlich »averroistisch« argumentiert und ob man nun umgekehrt schließen kann, dass Ibn Ruschd einen ähnlichen Gedankengang beabsichtigt hatte. Schließlich geht es Kant nicht um eine Figur der klassischen aristotelischen Seelenlehre und damit um die Frage der Unsterblichkeit der individuellen Seele, sondern vielmehr um den Charakter der Geschichte als Rechtsfortschritt: Indem die Menschen als Vernunftwesen die Verbesserung ihrer Verhältnisse selbst in die Hand nehmen, tragen sie als Gattungswesen dazu bei, dass im historischen Prozess die Bedingungen für die Möglichkeit der Entfaltung von Vernunft und Sittlichkeit im Einzelmenschen verbessert werden und schließlich vollständig zur Entfaltung kommen.

Bei Ibn Ruschd ist die Vernunft als eine Einheit des Intellekts im Menschengeschlecht definiert, und dies hat weniger eine theoretische als vielmehr eine praktisch-moralische Bedeutung. Denn die allgemeine Gattungsvernunft ist nun die Grundlage der Sittengesetze, und nicht mehr die überlieferte Religion. Dies schließt an Ibn Ruschds Auffassung von der Überlegenheit der Philosophie als Vernunftwissenschaft gegenüber den Glaubensdogmen an.

Doch die Autonomie, die Ibn Ruschd hier für den vernünftigen Menschen reklamiert, darf nicht mit dem kantischen Autonomiegedanken verwechselt werden: Ibn Ruschd hält an der Grundüberzeugung des ontologischen Paradigmas, dass Wahrheit die Erkenntnis des wahrhaft Seienden sei, unverändert fest. Die Autonomie des Subjekts bei Kant geht aber davon aus, dass eine solche Wahrheit für den Menschen nicht erkennbar ist, und darin liegt gerade der Grund seiner Autonomie, auch der sittlichen. Für Kant ist damit die Vernunft die uneingeschränkte Richterinstanz, die auch ihre Grenzen nur selbst bestimmen kann; für Ibn Ruschd bleibt Vernunft das Medium der Teilhabe an einer Seinsordnung, die selbst außerhalb der begrenzten menschlichen Vernunft steht. So ist der Averroismus-Vorwurf Herders gegen Kant ein Missverständnis, aber er zeigt auch, wie weit dieser mittelalterliche Philosoph in das Denken der Moderne vordringt und so mit die Fundamente für den Paradigmenwechsel zur neuzeitlichen Philosophie legt. Dies geschah freilich nur in der europäischen Philosophie. In der arabisch-islamischen Welt wurde Ibn Ruschds Philosophie zwar wahrgenommen, aber in sehr viel geringerem Maße und auch weitgehend nur ablehnend.

7 Gewandelte Kontexte: Religionsgelehrte und Mystiker

Seit dem 11. Jahrhundert verschärfte sich die Krise der arabisch-islamischen Welt. Im Inneren existierte das arabische Abbasidenkalifat längst nur noch formal und war in zahlreiche selbständige Königreiche und Sultanate zerfallen. Von außen wurde es bedroht und destabilisiert durch die Wanderungsbewegungen der Turkvölker, durch die Kreuzzüge in Palästina und die Reconquista in Spanien, schließlich durch die mongolische Invasion, die 1258 zur Eroberung Bagdads und damit zum Ende des Kalifats führte; der letzte Kalif al-Musta'sim fand bei der Belagerung den Tod. Damit endete auch das Kalifat als zumindest noch theoretisch existierende Leitung der Umma, der Gemeinschaft der Gläubigen. Damit war die Verbindung zwischen der geistlichen Leitung der Gemeinde durch den *chalifa rasul allah*, den Nachfolger des Propheten, und der weltlichen politischen Führung des Staates zerbrochen. Zwar haben alle späteren Herrscher und Dynastien sich weiterhin auf eine solche Verbindung berufen, aber die charismatische Führung der Gemeinschaft, die bei aller Schwäche des Kalifats Jahrhunderte lang verhindert hatte, dass es beseitigt wurde, war für immer verloren. Die Agonie des Kalifats beendete die kulturelle Blüte jedoch nicht, sondern störte sie nur lokal. So morsch die Macht geworden war, das Wirtschaftsleben blieb rege, und materieller Reichtum und technologischer Fortschritt blieben die Grundlage für Wissenschaften, Philosophie und Dichtung. Das Arabische blieb die Wissenssprache dieser Welt, auch wenn im Osten zunehmend das Persische hinzukam. Das bedeutete für die Geistesgeschichte das Fortdauern der kulturellen Blüte mit ihrem regen Wissensaustausch, und zugleich beförderten die gewandelten politischen und sozialen Bedingungen das Aufkommen vielfältiger geistiger Strömungen. Das macht es schwer, die »geistige Situation der Zeit«

einheitlich darzustellen, ohne sie unzulässig zu uniformieren und damit zu verfälschen.

Die Rolle der Religionsgelehrten in der Gesellschaft

Die Krise der arabisch-islamischen Welt begünstigte das Aufkommen eines orthodoxen Islamverständnisses. Schließlich war der Kampf um die politische Nachfolge immer auch eine Frage der religiösen Autorität gewesen, denn jeder weltliche Herrscher bezog seine Legitimation vor allem aus dem Nachweis, Verteidiger und Bewahrer der Rechtgläubigkeit zu sein. Während die Schiiten die Autorität den Imamen zuschrieben, die in direkter Linie von Muhammads Schwiegersohn Ali abstammten, war für die sunnitische Mehrheit der Wille Gottes geoffenbart im Koran und in der Sunna, der Lebensweise des Propheten und seiner Weggefährten, wie ihn die Hadithe niederlegten. Dies machte aber eine Auslegung der Heiligen Texte notwendig, und dies führte unmittelbar zum Entstehen einer eigenen Gruppe von Schrift-und Rechtsgelehrten, der Ulama. Zu Beginn des 11. Jahrhunderts hatten sich verschiedene Interpretationen der Offenbarungstexte herausgebildet, die wiederum die Grundlage für eine bestimmte Rechtspraxis bildeten: die *madhahib*, die **»Schulen« der Sitten- und Rechtsauslegung**. Am weitesten verbreitet und am langlebigsten waren die Schulen der Schafiiten, Lalikiten, Hanafiten und der Hanbaliten. Bei den Unterschieden zwischen ihnen ging es um die genaue Definition der Prinzipien der Rechtswissenschaft (arab. *usul al-fiqh*), die schließlich zur Abfassung von maßgeblichen Büchern zur islamischen Pflichtenlehre, dem *fiqh*, führten. Das Ergebnis dieser Pflichtenlehre, die Scharia, war als »islamisches« Gesetz die normative Richtschnur für alles menschliche Tun. Viele dieser Bestimmungen waren rein theoretisch und hatten so gut wie keine Auswirkungen auf die Rechtspraxis. Andere, vor allem im Personenrecht (etwa bei Verträgen, Eheschließungen und Scheidungen, Erbschaften, wirtschaftlichen Unternehmungen, aber auch dem Strafrecht), wurden angewendet. Allerdings bleib die Notwendigkeit bestehen, anhand von Koran und Sunna jeweils zu diskutieren, wie eine neu auftauchende Rechtsfrage aufgrund »islamischer« Normen entschieden werden sollte.

Dafür bediente man sich des Analogieschlusses, der, von den Gelehrten diskutiert, zu einem Konsens unter ihnen führen sollte. Das ganze Verfahren trug den Namen des *idjtihad*, was soviel wie »freie Erörterung« bedeutet. Dies ist ein zentraler Punkt für das Verständnis der islamischen Geistes-und Realgeschichte. In europäischen Darstellungen ist nämlich oft zu lesen, die Herausbildung der Rechtsschulen und die dabei erfolgte Festlegung der Pflichtenlehre in der Scharia hätten zum Ende des *idjtihad* geführt. Diese vielzitierte »Schließung des Tores zum Idjtihad« wäre nun verantwortlich für das Ende einer freien Geisteskultur im Islam und damit auch für die Marginalisierung der Philosophie in ihr. Durch die »Schließung des Tores« – so die These – stagnierte die islamische Kultur, verlor jede Dynamik und wurde endgültig von einer religiösen Orthodoxie dominiert. Tatsächlich kann von einer »Schließung des Tores« keine Rede sein. In der Praxis wurde der Idjtihad in jeder Rechtsschule angewandt, auch wenn es lokal und zeitlich begrenzt zur Dominanz einer einzigen Auslegung kommen konnte. Vor allem aber fand die Scharia, und damit die Interpretationshoheit der Ulama, ihre Grenze in der jeweiligen Macht des Herrschers und der daraus resultierenden tatsächlichen Rechtspraxis. Dazu muss man sich klarmachen, dass die Ulama, die sunnitischen Korangelehrten, keineswegs eine Einheit bildeten. Ihre theologischen Positionen konnten Herrschaft legitimieren, aber auch als puristische Moraltheologie radikale Opposition bedeuten. Die Herrscher ihrerseits beriefensichimmerauf den **Islam als Legitimationsgrund von Herrschaft.**

Religion wurde instrumentalisiert zur Rechtfertigung politischer Macht. Aber kein Herrscher war an der Macht, weil er sich als Bewahrer religiöser Gebote oder Vollstrecker des Gotteswillens beweisen wollte, sondern weil er sich durch die Behauptung, dies zu tun, der einzig zur Verfügung stehenden Quelle bediente, die ihn von der Legitimation durch die Beherrschten unabhängig machte. Die Sultane und Könige herrschten, weil sie »Herren zu eigenem, nicht von der Anerkennung der Beherrschten abhängigen, Recht« (Weber 1922, 144) waren. Einen »islamischen Staat« hat es dementsprechend nie gegeben, sondern nur die politische Instrumentalisierung des Islam.

Die Legitimationsgeber, die Korangelehrten und Theologen, achteten nicht zuletzt deshalb streng auf die religiöse Legitimation jeglicher

Form politischer Macht, weil sie damit ihre eigene Stellung als alleinige Interpreten und Bewahrer der Religion festigten. Streng genommen gibt es im Islam keine religiöse Klasse von Priestern oder Schriftgelehrten, vielmehr steht die Kompetenz zur Auslegung der heiligen Texte jedem Muslim qua Zugehörigkeit zur Umma und qua Bildung zu. Je komplexer aber die Auslegung der heiligen Texte (Koran und Hadithe) wurde, umso unentbehrlicher machten sich die Korangelehrten. Sie bildeten damit, wie der arabische Gegenwartsphilosoph Fuad Zakariya anmerkt, durchaus eine den christlichen Geistlichen vergleichbare religiöse Kaste. Über die Interpretation von Koran und Sunna das alleinige Ausübungsrecht zu haben, war Ziel der Religionsgelehrten. Sie erreichten es auf zweierlei Weise: einmal durch ihre Nähe zur politischen Macht, also durch die Rolle als Sachwalter und Vollstrecker der Herrschenden, sodann durch die schiere Komplexität der Materie: Wenn alles menschliche Handeln sich auf die Offenbarungsschriften berufen musste, dann stand jeder Bereich des Lebens im Zugriff religiöser Bevormundung. Dadurch wurde nicht nur die Kompetenz der Menschen zu autonomem Handeln negiert oder enorm eingeschränkt, die Vormundschaft der Gelehrten förderte auch den Traditionalismus der Lebenswelt, der manchen Interessen der Menschen durchaus entgegenkam. Patriarchalismus und Chauvinismus sind auch deshalb so zählebig in islamischen Kulturen, weil sie sich religiös legitimiert haben, und dies geschah nicht zuletzt aufgrund der Rolle der Religionsgelehrten, die sich zu alleinigen Interpreten der Religion aufschwangen. So wurde religiöse Legitimation »veralltäglicht« (Max Weber), indem sie in die Hände von »Wissensverwaltern« gelegt wurde, die sich ihrerseits eben dadurch für die Gläubigen wie für ihre Herrscher letztlich unentbehrlich gemacht haben. Die so geschaffene Verbindung von »Staat« im Sinne des politischen Gemeinwesens und »Religion« im Sinne von Glaubenspraxis, die für »den Islam« oft als charakteristisch beschrieben wird, resultiert also weniger aus dem Wesen der Religion selbst, sondern ist vielmehr das Ergebnis sozioökonomischer und politischer Bedingungen. Diese haben sich freilich in der Geschichte der arabisch-islamischen Länder so verfestigt, dass sie bis heute wirkmächtig geblieben sind.

Die Ulama und die Philosophie

Andererseits ist es falsch, der Ulama eine einheitliche Theologie oder auch nur Position zur Philosophie zu unterstellen. Es ist bemerkenswert, dass bis zum 13. Jahrhundert die Mehrzahl der Theologen und Juristen die aristotelische Logik als methodische Grundlage akzeptierten, während sie der Philosophie zumindest skeptisch gegenüber standen. Ersteres hing mit der Entwicklung der Madrasa zusammen, in deren Unterrichtsprogrammen Logik zum Stoff gehörte. In diesem Zusammenhang gelangte auch die aristotelische Metaphysik und Physik in den Lehrstoff und hat sich hier lange Zeit behauptet. Hinzu kommt, dass gerade die schärfsten Kritiker der von den griechischen Klassikern ausgehenden Philosophie sich ihrerseits deren logischer und rhetorischer Grundlagen bedienten. Schon im frühen 9. Jahrhundert hatte der aus Bagdad stammende Korangelehrte Ahmad ibn Hanbal (780–855) die Mu'tazila kritisiert und sich dabei besonders gegen die Thesen der Willensfreiheit und der Erschaffenheit des Korans gewandt. Der Theologe Hasan al-Asch'ari (873–935) verband solche hanbalistische Dogmatik methodologisch mit der Philosophie, etwa der aristotelischen Logik, und in der Folge auch inhaltlichen mit philosophischen Fragestellungen. Er kann also als der Begründer einer rationalistischen Theologie im »Hauptstrom« des orthodoxen Sunnismus gelten, und manche Wissenschaftler sprechen deshalb von diesem Hauptstrom als »asch'aritischer Theologie«. Daneben freilich existierte die hanbalitische Schule weiter, die mit seinen Argumentationen nichts zu tun haben wollte, und so dauerte der Streit zwischen den Interpretationen im Islam an. Ihren Abschluss findet diese Entwicklung mit dem Theologen Ibn Taimiyya (1263–1328). Er kritisierte nicht nur das Gottesbild der neoplatonischen Philosophie, sondern wandte sich auch gegen die korrumpierte und selbstsüchtige Ulama. Stattdessen forderte er die Rückkehr zur Strenggläubigkeit und Moralität, wie er sie in der islamischen Frühzeit bei den Prophetengefährten verwirklicht zu sehen glaubte. Die Aufgabe des Gläubigen sah er in der strikten Befolgung der Gebote, wie sie in Koran und Sunna ausgesprochen waren, und in einer Lebenspraxis, deren Grundlage die Befolgung der Vorschriften der Scharia sein sollte. Allein der Gehorsam gegenüber Gott und seinen Geboten stehe den Menschen als Weg zum Heil offen. Dies implizierte einen moralischen Rigorismus, der einerseits auf dem historischen Vorbild der frühen Gemeinde und der Prophetengefährten beruhte, andererseits nur die Ausrichtung an den heiligen Texten kannte. Mit Ibn Taimiyya werden im sunnitischen »Hauptstrom« des Islam jene beiden Interpretationen nochmals betont, die schon seit der islamischen Frühzeit virulent waren: einmal die »**Enthistorisierung**« des Islam durch die Behauptung einer ursprünglich reinen, moralisch wie lebensweltlich einheitsstiftenden islamischen Frühzeit, zweitens **die Behauptung des Primats der heiligen Texte**, die Koran und Sunna nicht nur aus dem Entstehungszusammenhang löste und zur absoluten Quelle der Wahrheit machte, sondern überdies auch der willkürlichsten und absurdesten Interpretation Tür und Tor öffnete, solange sie nur behauptete, sie wäre »buchstabengetreu«. Ibn Taimiyya spielte bei der Formulierung dieses Islamverständnisses eine entscheidende Rolle, wenngleich sie erst im 18. Jahrhundert auch politisch umfassender zum Durchbruch gelangte. Davon ist die Bewegung der Wahabiten der arabischen Halbinsel nur die langlebigste; noch heute beherrscht die wahabitische Doktrin das Königreich Saudi-Arabien.

Mystik und Philosophie

Zum gesellschaftlichen Wandel gehört neben dem Erstarken der Orthodoxie aber auch eine Gegenbewegung zur ihr: die religiöse Mystik. Von der Mystik her ist die Verbindung zur Philosophie evident: Die Spekulation über die Ordnung des Kosmos, über die Stellung Gottes in ihr und seine Stellung gegenüber dem Menschen befördert die Verknüpfung eines systematisch-philosophischen Denkens mit der »Rede« von Gott und der Vereinigung der menschlichen Seele mit dem Transzendenten. Schon im Neoplatonismus, vor allem aber bei Ibn Sina, ist diese Verbindung schon angesprochen worden. Außerdem hinterlässt jede etablierte Religion einen Rest an Sehnsucht nach der ganz persönlichen Aufhebung im Transzendenten, nach der individuellen Gotteserfahrung. Dies beginnt schon im 8. Jahrhundert und wird aus vielfältigen Wurzeln gespeist: durch die christlich-syrischen Mönche und Asketen, durch die späten mystischen Hadithe, durch gnostische und manichäische Einflüsse und sicherlich auch durch Anteile der vom Islam verdrängten und unterdrückten altorientalisch-hellenistischen Kulte. Die islamische Mystik kurz unter dem Sufismus zu subsumieren birgt die Gefahr, entweder das Sufitum bis zur Unkenntlichkeit auszuweiten oder die Vielschichtigkeit der islamischen Mystik zu ignorieren, gerade auch in ihren Beziehungen zur Philosophie. Im Islam förderte eine starke »Schriftgläubigkeit«, ein die Gotteserfahrung und das Alltagsleben stark reglementierendes Primat der Heiligen Texte, eine religiöse Mystik, die immer in enger Beziehung zur Philosophie als der anderen, nämlich wissenschaftlich-rationalen »Konkurrenz« zur religiösen Weltinterpretation stand. Entgegen der »Vereinheitlichung« durch die Schriftinterpretation und die religiöse Lebenspraxis meldeten Muslime ihren Anspruch auf ihre ganz persönliche Gottessuche und Gottesschau an. Dadurch setzt die Suche nach Gott im jeweiligen Subjekt und seinem Bewusstsein an, im Ergebnis führt dies zur Entdeckung Gottes im Ich, und damit zur Vereinigung des menschlichen Ich mit dem transzendenten göttlichen Ich.

Der Skandal mystischer Religiosität lag für die Orthodoxie darin, dass epistemologisch der Primat der Offenbarungstexte relativiert wurde: Der Weg des Gottsuchenden führt nicht in erster Linie über die rituelle Befolgung der Gebote aus Koran und Sunna, sondern über die individuelle Gewissheit des Glaubens. Das Ziel der individuellen Gottesschau negiert außerdem die Autorität der Ulama und der Schrift-Orthodoxie. Ähnlich wie das neoplatonische Ur-Eine ist der mystisch erfahrene Gott dem interpretatorischen Zugriff der Theologie entzogen. Dadurch wird die Mystik, wie Bloch so schön sagt, ein »Erwachen, wenn nicht aus dem Trancezustand, so aus dem religiösen Knechtzustand« (Bloch 1972, 486).

Allerdings konnten die mystischen Bewegungen auch leicht zur Kanalisation gesellschaftlicher Unzufriedenheit benutzt werden und damit immer auch bestehende Systeme und ihre Ungerechtigkeiten stabilisierten. Dabei war die Mystik ein Ventil, das zugleich von anderen Formen gesellschaftliche Diskurse ablenken konnte. So zeigte die Philosophie nicht nur Gemeinsamkeiten mit der Mystik auf, sondern konnte auch über die Betonung der offensichtlichen Unterschiede diskriminiert und als Gegenbewegung zur religiösen Orthodoxie marginalisiert werden. Die Mystik war tendenziell leichter in den

»Hauptstrom« eines traditionalistischen Islamverständnisses zu integrieren als die Philosophie. So wirkte der »Trancezustand« der Mystik, auch wenn er philosophie- und geistesgeschichtlich durchaus interessant sein mag, in der gesellschaftlichen Praxis weit eher stabilisierend für Herrschaftsverhältnisse und soziale Ungerechtigkeit und insofern eher reaktionär als emanzipatorisch.

al-Halladj und as-Suhrawardi

Der Charakter der Mystik im Islam ist vor allem individualistisch. Der Wunsch nach einer vereinigenden Begegnung des Gläubigen mit Gott setzt bei der Erforschung des eigenen Selbst an und reflektiert deshalb zunächst auf das eigene Bewusstsein und die eigene Lebensweise. So erklärt sich, warum der große Mystiker al-Halladj (eigentlich Hussain ibn Mansur, 858–922) den Satz »ana al-haqq« – »Ich bin die (schöpferische) Wahrheit« – in das Zentrum seiner Gottessuche stellt. Al-Halladj hat diese »Ketzerei« mit dem Leben bezahlt: Nachdem er zuvor acht Jahre eingekerkert war, wurde er 922 in Bagdad öffentlich zu Tode gefoltert. Auch Schihab ad-Din Yahya al-Maqtul as-Suhrawardi (1154–1191), im nordwestlichen Persien geboren und ausgebildet, gilt besonders in der arabischen Philosophiegeschichtsschreibung der Gegenwart als »Märtyrer« der Philosophie im Islam. Kein anderer als der in der europäischen Literatur als besonders tolerant gerühmte Sultan Saladin (Salah-ad-Din, 1138–1193) ließ ihn wegen Ketzerei hinrichten. Suhrawardi vertrat eine Illuminationsphilosophie, die sich nicht nur aus philosophischen, sondern auch aus ganz anderen Quellen speiste: Hier begegnen uns die Vorstellungen der schiitischen Isma'iliten wieder, vermischt mit sufistischen und altpersischen Vorstellungen der zarathustrischen Tradition. In ihr ist Gott das absolute Licht, und alles, was existiert, ist Teil dieses Lichtes. So ist auch Erkenntnis ein Akt von »Erleuchtung«, denn das Erkenntnisobjekt besteht als Teil des Seienden aus Licht. Die Diskussion darüber, ob Suhrawardi tatsächlich noch Philosophie betreibt oder ausschließlich Mystik, ist in der Fachliteratur bis heute nicht beendet.

Ibn Arabi

Einflussreicher als Suhrawardi war die Theosophie des Muhyi ad-Din ibn-al-'Arabi (1165–1240). Er stammte aus dem arabischen Spanien. Seine Bedeutung für die arabisch-islamische Geistesgeschichte wird etwa in der Verehrung deutlich, die sein Grabmahl in Damaskus noch heute erfährt. In Ibn-al-'Arabis Theosophie vereinen sich Elemente des Neoplatonismus, des Sufismus und des Illuminismus. Auch er spricht vom »Licht« Gottes, das in seiner Philosophie für das Überfließen der göttlichen Liebe steht, das den Strom der Existenzen im Universum auslöst. Der privilegierte Status des Menschen als einem erkennenden Wesen kommt durch den Bund zustande, den Gott bei der Erschaffung der Welt mit den Menschen geschlossen hat. Bemerkenswert an Ibn-al-'Arabis Theosophie ist vor allem die Verbindung eines ursprünglich philosophischen Gedankens und der daraus vorgenommenen Schlussfolgerung für die religiöse Praxis. Er geht von der berühmt gewordenen These der »Einheit des Seins« (*wahdat al-wudjud*) aus, die eine unaufhebbare Verbindung zwischen dem Sein Gottes und seiner Schöpfung annimmt. Dabei bezieht er sich auf Ibn Sinas These, dass das kontingente Sein sich auf ein notwendiges Sein bezieht, nämlich auf Gott, aus dem alles andere Sein emaniert. Ibnal-'Arabi folgert daraus aber auch die Einheit aller göttlichen Offenbarung: Wenn nichts außer Gott existiert, ist auch alle Rede vom Göttlichen Ausfluss oder Spiegel seiner selbst. Deshalb betrachtet er die Religionen als gleichwertig und schreibt:

»Mein Herz nimmt an jegliche Gestalt,/Eine Weide für Gazellen und ein Kloster für Mönche,/Ein Tempel für Götzen und eine Kaaba für Pilger,/ Tafel der Tora und das Buch des Korans./Ich glaube an die Religion der Liebe./Welchen Weg Gottes Kamel auch nimmt, So ist doch die Liebe meine Religion und mein Glaube.« (zitiert nach Abu Zaid 1999, 130)

8 Wissenschaften, Philosophie und ihr Einfluss auf das europäische Mittelalter

Neben den mindestens 71 Werken, die Gerhard von Cremona (1114–1187) in Toledo aus dem Arabischen ins Lateinische übertrug oder von jüdischen Gelehrten, die arabisch sprachen und schrieben, übertragen ließ, findet sich auch eine kurze Beschreibung seines Lebens. Darin heißt es, dass er von Jugend an in vielen Orten studiert habe, aber in der lateinischen Welt nur auf unzulängliches Wissen stieß. Und dass er schließlich »aus der Liebe zum *Almagest*, den er nirgendwo unter den Lateinern finden konnte, nach Toledo ging; dort, angesichts der Überfülle an arabischen Büchern über alle möglichen Themen, lernte er, die Armut der Lateiner in diesen Dingen bedauernd, die arabische Sprache ...« (zitiert nach Wilderotter 1989, 143). Der *Almagest* war nichts anderes als die arabische Übersetzung des Hauptwerkes des Mathematikers und Astronomen Claudius Ptolemäus aus dem 2. Jahrhundert, nach dem die Erde eine Kugel im Mittelpunkt der Welt sei, um die sich Himmelssphären drehen. Diese Kosmologie war eine wichtige Grundlage der neoplatonisch-aristotelischen Systeme der arabisch-islamischen Philosophie gewesen, und das Buch des Ptolemäus als ihrer Grundlage war im lateinischen Europa nur gerüchteweise bekannt. Die Übersetzung des Gerhard von Cremona bedeutete also nicht nur die Erschließung einer wichtigen antiken Quelle, sondern auch einen Zugang zum philosophischen Denken der Muslime. Beides ist ein Beispiel für die sich anbahnende **Wandlung von Weltbild und Wissenschaften im lateinischen Mittelalter**. Diese ist ohne den Einfluss der arabisch-islamischen Wissenschaften und Philosophie kaum denkbar.

Das naturwissenschaftliche Denken des Mittelalters suchte ein System rationaler Erklärungen der erfahrbaren Wirklichkeit, das sich zwingend aus den Prämissen des ontologischen Weltbildes ergab. Insofern ist das Mittelalter eben nicht – wie oft dargestellt – die Epoche des unaufhebbaren Gegensatzes zwischen Glauben und Vernunft, sondern vielmehr ein »Zeitalter der extremen Rationalisierung« (de Libra in: Flasch/Jeck 1997, 111), aber innerhalb einer ontologischen Welterklärung.

Alles wissenschaftliche Bemühen um das Verständnis der Phänomene der Natur einschließlich des menschlichen Körpers ging also von einer ideellen Ordnung aus, nämlich von der Annahme eines ontologischen Grundes aller äußeren Erscheinungen. Wer als Wissenschaftler bei diesen Erscheinungen ansetzte, suchte das Wesen der Dinge hinter ihnen: ihr »Sein«. Dementsprechend unterschied sich alles wissenschaftliche Erkennen, auch wenn es mit empirischen Untersuchungen begann, grundsätzlich vom neuzeitlichen Wissenschaftsbild. Für den ontologisch denkenden Forscher des Mittelalters konstruierte sich die Welt von dem her, was das Wesen der Dinge war, also von ihrer Quiddität (Washeit). Dem gegenüber waren die äußeren Phänomene, die der Sinneswahrnehmung zugänglich waren, nur Attribute, also Zuschreibungen zum Wesen der Sache selbst. Für den nach Erkenntnis strebenden Wissenschaftler bedeutete dies, dass er vom Zufälligen, durch die Sinne Erfahrbaren entweder gerade absah und es als bloße Äußerlichkeit bewertete, oder dass er von der Erscheinung eines Dinges her versuchte, auf sein Wesen, auf das Sein der Sache, zu schließen. Für den Wissenserwerb bedeutete dieses Weltbild, dass die wahre Erkenntnis einer Sache mit der Erkenntnis ihres Wesens begann und sich die Erfahrungen der Wirklichkeit (als bloß Attributives) dem Wissen um das Wesen unterzuordnen hatte. So konnte der mittelalterliche Naturforscher von der Existenz von Einhörnern ausgehen, weil ihre Essentialität, ihr Wesen, durch die alten Autoren verbürgt erschien und sie zugleich ein spirituelles Wesenhaftes bezeichneten, das in der Gottesordnung seinen Ort hatte (nämlich als Symbol des Reinen und Unbefleckten). Dieser Ausgangspunkt von einer festen Weltordnung, in der das Essentielle, die Ideen oder Universalien, das eigentlich Wahre sind, verführt uns oft dazu, die mittelalterlichen Denker für bloß autoritätsgläubig und sogar irrational zu halten. Aber sie konstruierten die Welt, ausgehend von der Prämisse des absoluten Wahren, völlig rational und in bestechender Logik und Konsequenz. Dies gilt sowohl für den Kontext der christlich-abendländischen als auch der arabisch-islamischen Kultur.

Wissenschaften und Wissenskultur im Islam

Der arabisch-islamischen Kultur kam dabei bis ins Hochmittelalter eine führende Rolle zu, weil sie sich griechisch-orientalischer Wurzeln leichter bedienen konnte, mit dem Arabischen über eine Universalsprache verfügte, die zugleich eine lebende Sprache war, und mit dem Islam über eine kulturell-religiöses Bindeglied, das die Wissensvermittlung zwischen den unterschiedlichen Völkern und ihren spezifischen Traditionen erleichterte. Der fast allen Denkern gemeinsame ontologische Ansatz hatte zur Folge, dass die Suche nach der Substanz, der Quiddität der dinglichen Erscheinungen, umfassend sein musste. Aristotelisch war dabei der Gedanke, dass jeder nach Erkenntnis Strebende bei den Erscheinungen anzusetzen habe, um durch die **rationale Systematisierung des Erfahrungswissens** zum Wesen der Dinge vorzustoßen. Gerade dadurch wurde zunächst im Kontext der arabisch-islamischen Kultur empirische Wissenschaft möglich. Ihre große Leistung lag darin, auf der Grundlage eines ontologischen Weltbildes und der Interpretationen der antiken Vorläufer die wissenschaftliche Erschließung der Phänomenwelt weiter vorangetrieben zu haben. Dadurch addierte sich zu den antiken Quellen, die von den arabisch-islamischen Forschern erschlossen wurden, eine enorme Anzahl an zusätzlichen Erkenntnissen und theoretischen Reflexionen. Dem ontologischen Paradigma verpflichtet, begriffen sich die Wissenschaftler als Universalgelehrte, die den gesamten Kanon des bekannten Wissens zu durchdringen suchten. Entsprechend können wir davon ausgehen, dass die überwältigende Mehrzahl der Naturwissenschaftler und Denker den größten Teil des Wissens »ihrer Zeit« beherrschten und ihm in unterschiedlichsten Gebieten neues Wissen hinzufügen versuchten.

Die Naturwissenschaften, die Mathematik und die Philosophie wurden in der islamischen Kultur »Wissenschaften der Alten« genannt. Damit wurde ein deutlicher Bezug zu den antiken Quellen geschaffen und zugleich eine Abgrenzung gegenüber den »neuen«, islamischen Wissenszweigen betont: Theologie, Rechtswissenschaft, Geschichtsschreibung und Philologie. Die profanen Wissenschaften wurden im Umkreis der städtischen Machtzentren gepflegt und entwickelt und fanden ihre Verbreitung auch beim »Bürgertum«, den Händlern, Kaufleuten und Beamten. Auch die alten Übersetzerschulen und die Lehranstalten der Krankenhäuser trugen zur Verbreitung der Wissenschaften bei, während an der Madrasa die »Wissenschaften der Alten« im Laufe der Jahrhunderte zunehmend verdrängt und unterdrückt wurden. Trotzdem blieben bis weit ins 14. Jahrhundert und lokal noch darüber hinaus die Wissenschaften in der islamischen Kultur lebendig und wurden weiterentwickelt. In diesem Zusammenhang bewahrte sich auch die Philosophie, denn nach den Wissens- und Bildungsidealen bestand ein innerer Zusammenhang zwischen allen Wissensgebieten, so dass sich der Naturwissenschaftler immer zugleich als Philosoph und umgekehrt der Philosoph immer zugleich als Interpret von Naturphänomen begriff. Dies blieb auch in Europa bis ins 18. Jahrhundert hinein so.

Der Einfluss auf Europa

Die Übernahme von Wissen und kulturellen Fertigkeiten ist kein außergewöhnlicher Vorgang, vor allem wenn eine Kultur, die über höhere wissenschaftliche, technologische und zivilisatorische Standards verfügt, mit einer anderen in Kontakt kommt. Wissen, Technologie und Handelsgüter aus dem »Orient« veränderten die europäische Kultur des Hoch- und Spätmittelalters enorm. Ihren Niederschlag findet das etwa im Eindringen arabischer und persischer Worte in die europäischen Sprachen[1]: hinter der Übernahme von Begriffen wie »Zucker« (arab. *sukr*), »Tasse« (arab.-pers. *tasa*) oder »Alkohol« (arab. *al-kuhl*) verbergen sich nicht nur Handelsgüter, die im Mittelalter zunehmend nach Europa kommen, sondern auch Techniken: Die Raffinerie, der Emailledekor, die Kachellasur und der Kristallschliff gelangen nach Europa durch die Vermittlung der arabisch-islami-

---

1 Amüsant und informativ führt dazu kurz ein: Erdmute Heller, Arabesken und Talismane – Geschichte und Geschichten des Morgenlandes in der Kultur des Abendlandes, München 1992.

schen Kultur. Wissenschaftliche Begriffe wie Astrolab, Alkali, Elixier oder Tarif (um nur einige zu nennen) gehen direkt auf arabische Wissenschaften und Wissenschaftler zurück. Der Wissenstransfer vollzog sich einmal im Gefolge des Handels. So wichtig dieser für die Europäer war, so randständig war er umgekehrt für die Muslime. Für sie war der Handel die wichtigste ökonomische Grundlage ihrer Kultur, aber er vollzog sich vor allem im eigenen Kulturraum und in den asiatischen und afrikanischen Nachbargebieten. Während für die Europäer die Naturprodukte (z.B. Gewürze) und Handelswaren aus dem Orient hoch begehrt waren, hatten sie selbst den Muslimen wenig zu bieten. So hatte der Handel zwischen beiden Ähnlichkeit mit dem Kolonialhandel des 19. und 20. Jahrhunderts, nur dass die Europäer in diesem Verhältnis selbst »Kolonie« waren: Während sie vielfältige Verbrauchsgüter bezogen, exportierten sie Rohstoffe (Holz, Eisen) und Sklaven. Erst die Bekehrung der slawischen Völker (daher stammt unser Wort »Sklave«) zum Christentum im 11. Jahrhundert beendete diesen Handel.

Vor allem war es der direkte Kontakt zwischen Christen und Muslimen, der zum Wissenstransfer führte. Hier spielten die arabischen Besitzungen in Spanien und Sizilien die größte Rolle, auch nach dem Ende der arabischen Präsenz. In Sizilien etwa bemühten sich die normannischen Herrscher um den Wissenstransfer; der Stauferkaiser Friedrich II. ist dafür nur das berühmteste Beispiel. Selbst die Kreuzzüge waren für den Einfluss wichtig. Insgesamt lernten die Europäer nicht nur die »Kunst des angenehmen Lebens« (Watt) in den zivilisatorisch sehr viel weiter entwickelten arabischen Gesellschaften kennen, sondern auch das hohe Maß an wissenschaftlichen Standards. Erste Kontakte reichen bis ins 10. Jahrhundert zurück, aber sie beschränken sich vor allem auf Astronomie, Mathematik und Medizin. Die große Zeit der Übersetzungen begann im Hochmittelalter, etwa ab dem 12. Jahrhundert, in einer Atmosphäre veränderter gesellschaftlich-kultureller Bedingungen in Europa.

Dies betraf die Gründung von Universitäten als Stätten von Forschung und der Verbreitung von Wissen durch die akademische Lehre. Aber auch die politischen und sozialen Kontexte wandelten sich: Nationalstaaten wie Frankreich entstanden, und das alte Feudalsystem transformierte sich in ein neues, das enorme ökonomische

Ressourcen freisetzte. Dies führte zur flächendeckenden Besiedlung Zentraleuropas, zur Entwicklung einer städtischen Kultur und zu einer Bevölkerungsexplosion, aber gleichzeitig auch zu ersten Phänomen von Massenarmut und dadurch ausgelösten Wanderungsbewegungen. All dies veränderte den Charakter der mittelalterlichen Gesellschaft und damit auch das Verständnis von Welt, Mensch und Gott. Vereinfachend kann man von einer **Entsakralisierung der lateinischen Welt** sprechen, die im 12. Jahrhundert einsetzte und die nun verstärkt wurde durch das neue Wissen, das aus der arabisch-islamischen Kultur nach Europa kam. Die symbolischen und allegorischen Erklärungen der Welt durch ein von Augustinus geprägtes Weltverständnis verschwanden zwar nicht, aber sie wichen zunehmend einem Aristotelismus, der die Natur und die Gesellschaft nicht nur als mystischen Ausfluss des Gotteswillens begriff, sondern rational zu durchdringen suchte. Zudem war der Vorsprung der Naturwissenschaften der griechisch-arabischen Tradition unübersehbar und er ermöglichte der nichtchristlichen Kultur eine bessere Beherrschung und Ausbeutung der Natur und ein angenehmeres Leben. Vor allem durch jüdische Übersetzer in Spanien wurden die arabischen Übersetzungen griechischer Klassiker ins Lateinische angefertigt: die *Elemente* des Euklid, Ptolemaios' *Almagest*, die arabischen Weiterentwicklungen der Mathematik, Astronomie, Optik, Chemie und der Medizin (hier vor allem die Werke von ar-Razi und Ibn Sina).

Der Gelehrte Muhammad bin Musa al-Khwarizmi (um 800 – nach 846; sein Name taucht als der Fachbegriff »Algorithmus« in den europäischen Sprachen auf) hatte während der Herrschaft des Kalifen al-Ma'mun neben astronomischen und geographischen Werken vor allem mathematische Schriften verfasst, die als Grundlage der Algebra gelten (das Wort »Algebra« rührt von dem arabischen »al-djabr«, die Wiederherstellung, in einem seiner Buchtitel her). Er entwickelte Methoden zur Bewältigung komplexer Rechenoperationen, z.B. der Quadratwurzel. Davon verfasste der Pisaner Kaufmann Leonardo Fibonacci (Leonardus von Pisa) 1202 unter dem Titel »Liber abaci« eine Zusammenfassung. Diese Schrift machte das Rechnen mit »zehn Zeichen«, also vor allem der Nullstelle, in Europa bekannt und führte zur allmählichen Durchsetzung der arabischen Zahlen. Der arabische Begriff für die Null, »sifr«, ist als »chiffre«, »cipher«, »zero«

und »Ziffer« in die europäischen Sprachen eingegangen und zeugt von der Wirkung auf Handel und Alltagswelt. Viel bedeutender aber war die mathematische Revolution, die durch die Übernahme des Dezimalsystems und der Algebra ausgelöst wurde. Die spätere Mathematisierung der Physik wäre ohne diese Neuerung nicht möglich gewesen.

In ähnlicher Richtung wirkten auch die Entdeckungen und Theorien von Abu Ali al-Hasan Ibn al-Haitham (lat. Alhazen, 965–1040), einem Gelehrten aus Basra, ausgebildet in Bagdad, der die meiste Zeit seines Lebens zurückgezogen in Kairo verbrachte. Er verfasste 92 Bücher, von denen noch 55 erhalten sind – die meisten über Geometrie, Physik, Kosmologie, aber auch eine kurze Autobiographie. Sein berühmtestes Buch war das *Kitab al-manazir (lat. Opticae thesaurus)*, das Buch über die Sehtheorie. Darin führte er zunächst die Auseinandersetzung mit antiker Sehtheorie und ersetzte die Theorie von Euklid und Ptolemäus, dass vom Auge Sehstrahlen zu den Gegenständen gehen, durch eine Empfangstheorie von Lichtstrahlen durch das Auge. Daraus« entwickelt er die erste »Camera obscura«: einen Kasten mit Lochblende, die er »dunkle Kammer« (al-bait al-muzlim) nannte. (Nachbauten seiner Versuchsanordnungen kann man am »Institut für Geschichte der arabisch-islamischen Wissenschaften« der Goethe-Universität Frankfurt bewundern.) Als Form der Lichtsendung bedeutete die Camera obscura zugleich eine Bildproduktion nach geometrischem Prinzip, und Alhazen folgerte, dass Licht als Strahlen, die auf das Auge treffen und dort – wie im Spiegel – reflektiert bzw. gebrochen werden, dabei geometrischen Gesetzmäßigkeiten folgen. Wenn Reflexion und Dioptrik also berechenbar sind, dann folgt daraus die Möglichkeit einer rationalen Durchdringung der Wirklichkeit nach den Prinzipien der Mathematik und damit eine **Mathematisierung der physischen Welt**. Die Übersetzung von Alhazens Werken ins Lateinische im Hochmittelalter vermittelte also nicht nur direkte Kenntnisse nach Europa, sondern zudem die für die Emanzipation der Naturwissenschaften und ihre rationale Durchdringung der Welt so wichtige Mathematisierung der Physik. Roger Bacons 1266–68 entstandenes *Opus maius* ist in seinem fünften Buch (über die Optik, unter dem Titel *Perspectiva* auch separat editiert) weitgehend eine Paraphrase von Alhazens *Kitab al-manazir*. Darüber hinaus kann Alhazen als wichtige Quelle bei der Entwicklung der Zentralperspektive in der Malerei gelten. Sein Einfluss reicht also bis zu den Humanisten und Künstlern der Frührenaissance, zu Brunelleschi, Ghiberti und vor allem Leon Battista Alberti (vgl. Belting 2008). Auch dies gehört zu den noch ungenügend erforschten Kapiteln der Geschichte der europäischen Selbstwahrnehmung, die die Einflüsse außereuropäischer Kulturen auf die Genese von Neuzeit und Moderne zugunsten des Bildes von der gänzlich autonomen und autarken europäischen Kultur ersetzte.

Freilich ist das naturwissenschaftliche Denken sowohl der »Alten« wie der arabisch-islamischen Gelehrten nicht verständlich ohne Aristoteles und die durch ihn geschaffenen logisch-systematischen Standards. Hier spielt wiederum die Vermittlung durch die muslimischen Gelehrten eine große Rolle. Zu Beginn standen dabei nicht nur Originaltexte, sondern auch **Kommentare und Kompendien**, die häufig eine Vermischung von aristotelischem und neoplatonischem Gedankengut enthielten. Das vielleicht bekannteste Beispiel ist das *Liber de causis,* das »Buch der Ursachen«. Es entstand wahrscheinlich im 9. Jahrhundert in Bagdad und ist in weiten Teilen eine Paraphrase der »Grundlegung der Theologie« des Neoplatonikers Proklos (412–485). Darin geht es um die primären und sekundären Ursachen des Seins und um das reine Gute. Aufgrund des Charakters der Schrift ordnete es sein erster Übersetzer, Gerhard von Cremona, Aristoteles zu. Als aristotelischer Text trat das *Liber de causis* danach seinen Siegeszug in der Hochscholastik an. Es war nicht nur einer der wichtigsten Lehrbücher der Metaphysik, sondern es entstanden bis 1500 mindestens 27 Kommentare, darunter von Albertus Magnus, Roger Bacon, Ägidius von Rom und Thomas von Aquin. Letzterer deckte, angeregt durch die Übersetzungen des Proklos durch Wilhelm von Moerbeke vom Griechischen ins Lateinische Mitte des 13. Jahrhunderts, die falsche Zuschreibung des Textes zu Aristoteles auf; dem Erfolg des *Liber* tat dies freilich keinen Abbruch. Vor allem mussten »alle Strömungen des europäischen Denkens […] von den Übersetzungen und Kommentaren aus dem Arabischen Kenntnis nehmen«, so dass »das gesamte Spektrum der folgenden europäischen Philosophie […] in der Schuld der arabischen Autoren« stand (Watt 1988, 72). So beschleunigte sich auch die Rezeption des Aristoteles, die vorher eher eine Angelegenheit weniger Philosophen ohne umfassende Kenntnisse der Originaltexte gewesen war, und führte dazu, dass bis zur Mitte des 13. Jahrhunderts fast alle Werke des Griechen entweder aus arabischen Übersetzungen oder griechischen Vorlagen ins Lateinische übertragen wurden. Dabei halfen wiederum die umfangreichen Kommentierungen durch arabische Philosophen, so dass viele europäische Gelehrte »ihren« Aristoteles überhaupt erst durch den Blick ihrer arabisch-islamischen Kollegen kennen lernten. Von hier aus nimmt die europäische Philosophiegeschichte eine eigenständige Entwicklung, und es ist durchaus richtig, die Geistesgeschichte des abendländischen Mittelalters in eine Periode vor und eine nach der Rezeption der arabischen Philosophie und Wissenschaft und des Aristoteles zu gliedern.

In den Naturwissenschaften veränderten die umfangreichen Kenntnisse der Muslime und die Systematik des Aristoteles den Charakter der wissenschaftlichen Erkenntnis. Nicht mehr ausschließlich als Deduktion aus einem religiösen Weltbild, sondern induktiv und durch »Erfahrungsnähe« (Kurt Flasch) sollte die Welt erschlossen werden, und dies bedeutete auch, wissenschaftliche Erkenntnis nicht mehr durch theologische Betrachtungen zu unterbrechen oder gar zu unterbinden. Dieser Weg wurde von der europäischen Wissenschaft immer konsequenter beschritten und führte letztlich zur Emanzipation der Naturwissenschaften. In der Philosophie bewirkte die Rezeption des Aristoteles und dann vor allem des Ibn Ruschd (Averroes), dass sie genau die Argumente an die Hand bekam, um ihre Emanzipation von der Theologie zu betreiben. Es war nicht erst die Neuzeit, sondern die Scholastik des Mittelalters, die zur Eigenständigkeit der Philosophie als Wissenschaft führte, und dies war nur möglich im Gefolge der arabisch-islamischen Philosophie. Die zentrale Rolle des Ibn Ruschd zeigt sich auch im Entstehen einer regelrechten **Schule des Averroismus**, deren Zentren die Universitäten in Paris und Padua waren. Allerdings wird hier auch die unterschiedliche Entwicklung zwischen der arabisch-islamischen und der europäisch christlichen Philosophie deutlich. Der lateinische Averroismus hat zu einer noch schärferen Trennungslinie zwischen den Wahrheiten von Philosophie und Religion geführt. Thomas von Aquins Versuch, als Antwort auf Ibn Ruschd nun Aristoteles und die Philosophie in den Dienst der Theologie zu stellen, wurde von den lateinischen Averroisten beantwortet mit der Betonung nicht nur der methodischen Eigenständigkeit der Philosophie, sondern mit einem Rückschluss von den Methoden auf die Inhalte: Während der Gegenstand der Philosophie die Wahrheit selbst ist, befasst sich die Theologie als Wissenschaft des Religiösen nur mit der Leitung der Völker durch bildhafte Reden und Symbole. Freilich hat erst der spätere Averroismus in Verbindung mit dem Nominalismus diese radikale Auffassung vertreten, während der frühe Averroismus des ausgehenden 13. Jahrhunderts (etwa bei Siger von Brabant, um 1235–1286) versuchte, durch die Betonung empirischer Forschung und eines konsequenten Aristotelismus ein neues Methodenbewusstsein überhaupt erst zu schaffen. Die Averroisten erreichten an manchen Universitäten einen Diskussionsfreiraum, der die eigenständige und dynamische Entwicklung von Naturwissenschaften und Philosophie in Europa förderte.

Ob die sich vollziehende Trennung der Philosophie und Naturwissenschaft von der Theologie in der Konsequenz und der Absicht des Ibn Ruschd lag, ist bis heute umstritten. Unzweifelhaft aber ist, dass er die Entwicklung zur Subjektphilosophie und damit zum großen Paradigmenwechsel der Neuzeit mit angestoßen hat. Der Einfluss der arabisch-islamischen Philosophie und Wissenschaft auf Europa nahm in dem Maße ab, in dem der Kontakt zwischen beiden Kulturen geringer wurde und sich zugleich die europäischen Wissenschaften eigenständig weiterentwickelten. Zwar gibt es den Averroismus an europäischen Universitäten noch bis in die ausgehende Renaissance hinein, zwar beziehen sich Wissenschaftler wie Kopernikus und Kepler auf arabische Quellen, und auch der Renaissancehumanismus verweist explizit auf arabisch-islamische Denker (etwa bei Pico della Mirandola), aber insgesamt überwiegt seit der beginnenden Neuzeit die abwertende Ignoranz gegenüber dieser wichtigen Wurzel der europäischen Geistes-und Kulturgeschichte.

9 Der Übergang vom Mittelalter zur Neuzeit

Selbst detaillierte Darstellungen wie Majid Fahkrys *History of Islamic Philosophy* widmen der Zeit zwischen dem 14. und 19. Jahrhundert nur wenig Raum. So gewinnt man den Eindruck, die Geistesgeschichte der arabisch-islamischen Welt gleiche hier einer »inhaltsleeren Zeit«, wie der Islamwissenschaftler Reinhard Schulze einmal ironisch formuliert hat. Tatsächlich steht den vielen bedeutenden Denkern des islamischen »Mittelalters« in den folgenden Jahrhunderten eine verhältnismäßig geringe Zahl erwähnenswerter Nachfolger gegenüber. Der arabisch-islamischen Philosophie scheint es an Originalität und Substanz zu fehlen. Dieser Eindruck hängt sicher auch mit dem Fehlen einer systematischen Erforschung dieser Epoche zusammen. Er ist aber insofern mehr als eine lückenhafte Wahrnehmung, als tatsächlich die gesamte Geschichte der arabischislamischen Welt in dieser Zeit ihren Charakter veränderte. Zwischen dem 12. und 15. Jahrhundert nehmen die Wanderungsbewegungen von Stämmen und Völkerschaften aus Zentralasien in die islamische Welt, aber auch innerhalb dieser zu. Die Historiker sprechen von einer »Nomadisierung«, durch die die Städte und ihre Kultur zu bedrohten Inseln wurden. Die Wanderung von Turkvölkern, aus denen die Dynastie der Seldschuken hervorging, oder die spätere Invasion der Mongolen führten zu sozialen Umwälzungen, zu neuen Formen politi scher Ordnung und auch zu religiösen Neuorientierungen. Davon waren zunächst vor allem Kleinasien (Türkei) und der Irak betroffen. Die mongolische Invasion veränderte schließlich den Raum vom fernen Osten bis zum Balkan. Gerade für das alte Kulturland Irak bedeutete die mongolische Invasion das gewaltsame Ende einer eigenständigen Entwicklung. Die Eroberung und Zerstörung Bagdads durch die Mongolen 1258 und der Tod des letzten Abbasidenkalifen stellt eine historische Zäsur dar, nicht nur weil damit die alte Kulturhauptstadt des arabischen Islam mit all ihren Kulturschätzen, ihrer riesigen Bibliothek und ihrem Geistesleben vernichtet wurde. Auch jahrhundertealte gesellschaftliche und ökonomische Entwicklungslinien brechen unwiderruflich ab. In der Folge der Invasionen aus dem Osten und den inneren Zerfallserscheinungen entstanden neue Reiche. Im 14. Jahrhundert hatte der Aufstieg des Osmanenreiches in Westanatolien begonnen, das durch die Eroberung von Byzanz (Konstantinopel) 1453 bis auf den Balkan ausgreift und zu Beginn des16. Jahrhunderts auch den Großteil der arabischen Welt umfasst. Lediglich Marokko nahm eine eigenständige Entwicklung. Auch im Iran bildet sich unter den Safawiden eine stabile Dynastie heraus, die im ständiger Konkurrenz zum Osmanenstaat stand. Im nordwestlichen Indien bildeten die politischen Erben der Mongolen als »Mogul-Kaiser« zwischen dem 16. und 19. Jahrhundert eine eigenständige, indo-islamische Kultur und politische Ordnung. Die dazugehörige Philosophie ist leider kaum erforscht, so dass sich zu ihr wenig mehr sagen lässt, als dass viele Entwicklungslinien der hier behandelten arabisch-islamischen »Klassiker«, besonders etwa Ibn Sina, in ihr fortgeführt werden. Dabei gehört es zu den faszinierenden Details von Geschichte, dass in diesem Kontext die fremden siegreichen Invasoren schon nach relativ kurzer Zeit die Religion der Besiegten, also den Islam, annahmen und sich viele ihrer kulturellen Traditionen zu eigen machten. So traten schon die ersten mongolischen Herrscher, die neue Dynastien bildeten, als Mäzene der Wissenschaften auf, und dazu gehört auch eine gewisse Wertschätzung der Philosophie.

Aber die Umwälzungen dieser Zeit hatten vor allem die städtische Kultur geschwächt und damit auch die Infrastruktur des Wissens, die Bildungsanstalten, Bibliotheken und den Wissensaustausch zwischen den Gelehrten. So entwickelten sich die Wissenschaften, zu denen auch die Philosophie gehörte, zunehmend nur noch lokal und blieben isoliert. Außerdem tradieren die Gelehrten oft nur noch die vorhandenen, aus all den Zerstörungen übrig gebliebenen Texte ihrer Vorgänger, und daraus erklärt sich zum Teil die mangelnde Originalität ihres Philosophierens. Auch spielte hier von Anfang an die religiöse Orthodoxie eine größere Rolle, vor allem als Legitimationsgeber der neuen Dynastien, die sich nicht auf die traditionellen Legitimierungen von Herrschaft im Islam, etwa als Nachfolger des Propheten, beziehen konnten, und deshalb eine Scheinlegitimität als Wahrer des rechten Glaubens suchten. Dies ging zu Lasten der Geistesfreiheit und schränkte den Bildungskanon innerhalb der islamischen Kultur ein. Andererseits ist es falsch, wenn der Eindruck erweckt wird, die osmanische Kultur oder die der Safawiden im Iran sei vor allem oberflächlich und nur auf Repräsentation ausgerichtet gewesen. Solch pauschale Beurteilung vor allem der osmanischen Zeit findet sich nicht nur in westlichen Darstellungen, sondern vielfach auch bei arabischen Historikern. Seit dem 19. Jahrhundert wird die osmanische Herrschaft über die arabische Welt als Fremdherrschaft gewertet und durch ihren angeblichen kulturellen Stillstand als mit ursächlich für den verpassten »eigenen Weg« in die Moderne. Tatsächlich tradierte die osmanische Kultur vorgefundene Philosophien weiter. Hier ist zuallererst Ibn Sina zu nennen, aber auch die illuministische Philosophie und die philosophische Mystik. Auch originelle Neuansätze im Umkreis der Philosophie gab es, wie das Beispiel des »Mystikers« Scheich Bedreddin zeigt, der zur Zeit des »Interregnums« (1403–1413) und des Sultans Mehmed I. (1413–1421) wirkte. Seine Verbindung von mystischer Gottesschau und striktem Humanismus hatte vor allem eine politische Komponente, die sich gegen den osmanischen Obrigkeitsstaat richtete und den geistigen Hintergrund für eine Reihe von sozialrevolutionären Bewegungen bildete.

9.1 Ibn Khalduns Geschichtsphilosophie

Noch bevor sich das osmanische Reich herausbildete, zur Zeit des »Mongolensturms«, wirkte in Westarabien ein anderer Denker, der sich mit der Wechselwirkung von Denken und Kultur mit der politischen und sozialen Wirklichkeit beschäftigte. Er wird manchmal emphatisch, aber nicht ganz zu unrecht, als der **»Erfinder« der Soziologie** bezeichnet: Abu Zaid Abd ar-Rahman Ibn Muhammad Ibn Khaldun (Ibn Chaldun). Geboren wurde er 1332 in Tunis. Seine Familie hatte in Sevilla bis zur Eroberung durch die Christen 1248 eine führende politische Rolle gespielt und gehörte zu den wohlhabenden Landbesitzern. Nach Nordafrika vertrieben, setzte sie diese Rolle unter den dortigen Dynastien fort. Der junge Ibn Khaldun bekam eine umfassende Ausbildung und bekleidete eine Reihe von Ämtern bei lokalen Herrschern. Auch er war, wie viele Gelehrte, die sich politisch betätigten, in Palastrevolten und Verschwörungen verwickelt und saß einige Male im Gefängnis. Seine wechselnden Dienste führten ihn schließlich bis nach Kairo und Aleppo, wo er die Übergabe der Stadt an den mongolischen Eroberer Timur-i-lang aushandelte, was diese letztlich aber nicht vor der Plünderung und Zerstörung bewahrte. Nach einem bewegten Leben starb Ibn Khaldun 1406 als Kadi (Richter) in Kairo. Dass Ibn Khaldun neben diesem bewegtem Leben auch noch ein wissenschaftliches Werk und einige autobiographische Bücher verfasste, zeigt die ungebrochene Bedeutung, die die Wissenschaften in der Alltagswelt dieser Zeit hatten. Dabei hätte sich Ibn Khaldun selbst nie als Philosophen bezeichnet, stand er doch der Philosophie eher skeptisch, ja ablehnend gegenüber, auch wenn er sie, besonders die Denker aus al-Andalus, gut kannte. Sein Ansatz jedoch unterschied sich grundlegend von allen neoplatonischen, aristotelischen oder sonst von antiker Philosophie beeinflussten Richtungen.

Ibn Khalduns Ruhm beruht auf der dreibändigen *Einleitung* (arab. *Muqaddima*, lat. *Prolegomena*) zu einem umfassenderen Geschichtsbuch. In diesem Werk handelt Ibn Khaldun die geschichtsphilosophischen, soziologischen und politischen Grundthesen des geplanten Geschichtsbuches ab. Die Faszination geht dabei von der Art aus, mit der er die Funktionsweisen historischer Prozesse erklärt. Sie stellen einen Bruch mit traditionellen Geschichtsbildern dar, obwohl Ibn Khaldun im Detail selber völlig den Traditionen verhaftet bleibt.

Ibn Khaldun erklärt die Entwicklung von Gesellschaften und Staaten nicht mehr aus metaphysischer Spekulation heraus, sondern als Wechselwirkung realer Interessen und Fähigkeiten mit ebenso realen ökonomischen, sozialen, politischen und geographisch-klimatischen Kontexten. Dadurch ergibt sich ein völlig neues Geschichtsbild, das die Entstehung von Völkern und Zivilisationen nicht mehr zum Ergebnis einer Heilsgeschichte stilisiert, sondern auf die natürliche Bedürfnisbefriedigung innerhalb sozialer Gemeinschaften zurückführt. Es ist diese Modernität seiner soziologisch begründeten Geschichtsphilosophie, die seine Attraktivität für den Gegenwartsdiskurs ausmacht.

In der arabischen Welt ist Ibn Khaldun seit über einem Jahrhundert einer der meistdiskutierten »Klassiker«, auf den sich liberale oder marxistische Autoren ebenso berufen wie arabische Nationalisten, Faschisten und inzwischen auch islamistische Theoretiker. Dabei ist sein Werk in der arabisch-islamischen Welt erst im ausgehenden 19. Jahrhundert wiederentdeckt und in größerem Umfang erst im 20. Jahrhundert rezipiert worden, auch wenn es schon der Staatsbürokratie der Osmanen als Lehrbuch galt. Für die europäische Wahrnehmung kam Ibn Khaldun »zu spät«; die Spätscholastik und die beginnende Renaissancephilosophie nahm kaum noch Übersetzungen aus dem Arabischen vor. Erst die Islamwissenschaften des 19. und 20. Jahrhunderts begannen sich für Ibn Khaldun zu interessieren, und eine marxistische Geschichtsphilosophie versuchte sich sein Denken als »Vorläufer« eines historischen Materialismus anzueignen.

In seiner *Muqaddima* will Ibn Khaldun Entstehung, Aufbau und Verfall der Kulturen erklären und damit »eine selbständige Wissenschaft« schaffen. Den Gegenstand dieser Wissenschaft nennt er »Umran«, die »menschliche Kultur« (Ibn Khaldun 1992, 53). Er bestreitet, dass die Philosophen sich tatsächlich mit dem Staat und der Kultur als realen Phänomen beschäftigt haben, indem sie »die Prophetie rational zu beweisen und sie als natürliche Eigenschaft des Menschen zu belegen« (ebd. 54) trachteten. Dabei übersehen sie, dass »sich das Dasein und das Leben der Menschen auch ohne dies vollziehen können« (ebd.), wie die Existenz großer Reiche und Kulturen bei Völkern beweist, die über keine monotheistische Offenbarungsreligion verfügen. Daraus schließt Ibn Khaldun zweierlei: Erstens ist weder der Sinn noch das Entwicklungsprinzip von Geschichte durch Religion geoffenbart, wodurch die Religion selbst nicht zum Anlass von menschlicher Kultur wird (etwa durch den Willen Gottes), sondern zu deren Produkt. Zweitens muss es eine andere Antriebskraft geben, die Kulturen sich entwickeln lässt. Der erste Punkt ist schon erstaunlich genug, denn damit weist Ibn Khaldun der **Religion eine funktionale Rolle** innerhalb eines sozialen Kontextes zu und antizipiert damit Gedanken, die in der europäischen Philosophie erst Jahrhunderte später auftauchen werden. Der zweite Punkt bringt uns zum Kern seiner Geschichtsphilosophie.

Ibn Khaldun stellt die Geschichte der Kulturen als evolutionären Entwicklungsprozess analog zum biologischen Leben dar: Sie entstehen, wachsen, reifen, altern und verfallen schließlich. Da es keinen metaphysischen Zweck dafür gibt, also keine Ursache, die außerhalb der Kulturen selbst liegt, muss der Grund dafür in ihrem Inneren gesucht werden. Ibn Khaldun entdeckt ihn in der *Assabiyya*. Dieser arabische Begriff ist kaum adäquat zu übersetzen. Er meint zunächst die Stammessolidarität und das Ehrgefühl der vorislamischen Beduinen und daraus abgeleitet den »Gemeinsinn« und das »Zusammengehörigkeitsgefühl«, das allen Formen von Vergesellschaftung zugrunde liegt. Dabei geht Ibn Khaldun durchaus traditionell von der aristotelischen Auffassung vom *zoon politikon* aus: Vergesellschaftung entsteht, weil Menschen natürlicherweise gezwungen sind, sich mit anderen Menschen zusammen zu tun, um überleben zu können. Die *Assabiyya* ist sozusagen der »Kitt«, der diese Verbindung zusammenhält und sie wachsen lässt. Je stärker die Solidarität und das Verantwortungsgefühl der Menschen untereinander ist, desto mehr wächst und gedeiht auch die Gemeinschaft als Ganzes. In der frühen Phase von Kulturentwicklung bezieht sich die *Assabiyya* immer auf die natürlichen Gemeinschaften von Familie, Clan und Stamm. In dieser Übersichtlichkeit sind keine eindeutigen Herrschaftsstrukturen und kein organisierter Staat notwendig. Ibn Khaldun sieht als Beispiel die vor-und frühislamische Beduinengesellschaft. Diese Gemeinschaften sind besonders dynamisch und nach außen hin kriegerisch. Dadurch streben sie zu größerer kultureller Entfaltung. Die Ur-*Assabiyya* der Blutsverwandtschaft wandelt sich durch Eroberung und Kontakt zu Fremden in eine *Assabiyya* der Schutz-und Bündnisverhältnisse, und die menschliche Kultur strebt der nächsten Stufe zu, der städtischen Gesellschaft. Hier kommen wichtige Faktoren zur ursprünglichen *Assabiyya* hinzu, die die Bildung von Staaten mit komplexen Herrschaftsverhältnissen begünstigen. Zunächst spielt die Tatsache eine Rolle, dass der Mensch nicht nur *zoon politikon* ist, sondern zugleich auch ein am Eigennutz orientiertes Wesen. Haben die Menschen eine gewisse Entwicklung von Kultur erreicht, »so bedürfen sie unbedingt eines zügelnden Elements, das sie voneinander fernhält, da in ihrer animalischen Natur Feindschaft und Tyrannei liegen.« Dieses »zügelnde Element« muss »einer von ihnen sein, der ihnen überlegen ist,

Autorität und eine starke Hand besitzt, so dass keiner den anderen angreifen kann. Das ist der Sinn des Wortes *mulk* – Herrschaft« (ebd. 53).

Interessant ist, dass Ibn Khaldun sowohl das Hobbessche *homo homini lupus* (»Der Mensch ist dem Menschen ein Wolf«) vorwegnimmt als auch die Legitimität von Herrschaft wie Machiavelli an die Fähigkeit des Herrschenden bindet, für das Gedeihen und den Bestand der Gemeinschaft zu sorgen. Der Staat hat also die Funktion, für das Wohl der Gemeinschaft zu sorgen, und ist keinesfalls zu höheren Ehre Gottes entstanden. Dementsprechend lehnt Ibn Khaldun auch jedes theokratische Staatsmodell ab und verweist auf den eigentlichen Sinn der Religion: die *Assabiyya*, das Gemeinschafts- und Verantwortungsgefühl in der Gesellschaft, zu stärken. Für die Entwicklung der städtischen Kultur hält Ibn Khaldun die ökonomischen Kontexte für entscheidend. Die städtische Gesellschaft ist auf Warenproduktion und Handel ausgerichtet. Dabei entstehen nicht nur mehr Waren, als die Gemeinschaft selbst verbrauchen kann, sondern auch Produkte, deren Wert den der Entlohnung weit übersteigt. Durch beides entsteht großer Reichtum bei einer kleinen Gruppe von Menschen. Dies und die Tendenz von Herrschaft, ihre Funktion zum Erhalt der Gemeinschaft zugunsten von Eigennutz, Ruhmsucht und Wohlleben zu vernachlässigen, führt dann zum Verfall der städtischen Kultur. Die *Assabiyya* verliert zunehmend ihre Funktion als Zusammenhalt der Gemeinschaft, Teile der Gesellschaft versinken in Dekadenz, und der Staat wird durch verantwortungslose Herrscher ruiniert. So folgt unausweichlich auf den Niedergang der Untergang der Kultur, entweder durch eine »junge«, dynamische Kultur von außen oder durch Bürgerkrieg und Zerfall. Diese Entwicklung lässt sich nicht verhindern, sondern höchstens zeitweise aufhalten, etwa durch die normgebende Kraft der Religion. Die biologistische Analogie von Lebensaltern mit der Gesellschafts- und Kulturgeschichte mündet also in einem letztlich pessimistischen Befund. Bewertet man Ibn Khalduns *Muqaddima* aus dem Kontext seiner Zeit, dann liegt eine Analyse gesellschaftlicher Entwicklungsprozesse vor, die erstaunlich »modern« an realen sozialen, ökonomischen und sozialpsychologischen Faktoren orientiert ist. Seine Geschichts- und Kulturphilosophie verzichtet bewusst auf eine metaphysische Erklärung für das Entstehen und die Entwicklung menschlicher Gesellschaften. Dadurch gewinnt man zurecht den Eindruck einer »modernen« Philosophie: Es sind der Analyse zugängliche Faktoren realer Kontexte, die in der *Muqaddima* »Kultur« und »Politik« bestimmen. Dennoch bleibt auch Ibn Khaldun einem ontologischen Denken verhaftet. An die Stelle einer Gottesordnung oder Kosmologie, die über die Art und Weise und die Möglichkeiten gesellschaftlicher Praxis entscheiden, tritt bei ihm ein biologistisches Prinzip. Der Lebenslinie von Kulturen als Entstehen, Blüte und Untergang kann sich der denkende und handelnde Mensch ebenso wenig entziehen wie irgendeiner kosmologischen Gottesordnung der alten Metaphysiker. So ist Ibn Khaldun ein Philosoph des Übergangs, dessen Denken genug Stoff für eine Philosophie in der Moderne bietet, ohne sie insgesamt bereits zu antizipieren. Die Attraktivität Ibn Khalduns für den Gegenwartsdiskurs der arabisch-islamischen Philosophie liegt nicht nur in der Modernität seiner Grundthesen, sondern in der Möglichkeit, diese selektiv in den Kontexten von Gegenwartsanalysen und Ideologien nutzbar machen zu können. So hat der arabische Nationalismus seit al-Afghani im 19. Jahrhundert aus dem Modell des Kulturverfalls auf die Unausweichlichkeit des Aufstiegs der arabischen Kultur und des Verfalls der europäisch-westlichen geschlossen. Sowohl dieser Nationalismus als auch seine islamistische Variante verweisen zudem auf die Überlegenheit der *Asabiya* in der arabisch-islamischen Kultur gegenüber dem subjektzentrierten Rationalismus des Westens und seinem lebensweltlichen Individualismus. So dienen die von Ibn Khaldun angeführten Gründe für Aufstieg und Verfall einer Kultur heute der Abwehr unerwünschter Modernität. Man kann etwa den Import technischer Innovationen aus dem Westen als Beitrag zur Entwicklung der eigenen Kultur begrüßen, aber zugleich die Übernahme von individueller Selbstbestimmung und Pluralität als Schädigung der *Assabiyya* ablehnen. Der selektiven Ideologisierung des Klassikers Ibn Khaldun sind in der kruden Logik von Nationalismus, Pseudomarxismus und Islamismus keine Grenzen gesetzt.

9.2 Neoplatonische und illuministische Traditionslinien

Es ist interessant, dass einige europäische Autoren Ibn Khaldun nicht als arabischen Philosophen akzeptieren, und zwar gerade weil er sich von den »klassischen« metaphysischen Fragestellungen und Begriffen zu lösen beginnt. Für diese Sichtweise setzt sich die arabisch-islamische Philosophie viel eher in der Tradierung bekannter Autoren fort, statt sich der Möglichkeiten bewusst zu werden, die in Ibn Khalduns Denken für eine kritische Gesellschaftsanalyse liegen – die doch wahrlich eine der wichtigsten Aufgaben der Philosophie ist. Dabei ist es durchaus zutreffend, dass sich die Philosophie in der arabischislamischen Kultur zunächst weiter entlang der Traditionslinien bewegte. Vor allem Ibn Sina ist hier als Orientierungspunkt zu nennen. Der Angriff al-Ghazalis auf ihn wurde in der osmanischen Philosophie breit diskutiert und später in der iranischen Philosophie wieder aufgegriffen. Hier ist vor allem Sadr ad-Din asch-Schirazi, genannt Mulla Sadra, zu nennen.

Mulla Sadra

Mulla Sadra wurde 1572 in Schiraz im südlichen Iran geboren. Er lehrte an einer Madrasa in Isfahan, möglicherweise später erneut in seiner Geburtsstadt, und starb 1641 auf dem Rückweg von seiner siebten Pilgerreise nach Mekka. Neben vielen theologischen Werken verfasste er Kommentare zur Philosophie, und mit dem Buch *Die vier geistigen Reisen* (nämlich Metaphysik, Physik, Theologie und Anthropologie bzw. Psychologie) sein eigenes philosophisches Hauptwerk. Darin erweist sich Mulla Sadra sowohl als Interpret des Neoplatonismus von Ibn Sina als auch der illuministischen Philosophie in der Nachfolge Suhrawardis. Bereits die Tendenz dieser Philosophien war auf eine Überwindung des Gegensatzes zwischen rationalem Erkennen und intuitivem Schauen gerichtet. Mullah Sadra arbeitet diese Synthese weiter aus, in dem er zunächst in Gott das reine, absolute Sein sieht, dessen Schöpfungsakt der Welt im Ausströmen des reinen Seins besteht. Damit befindet sich Mulla Sadra noch in der neoplatonischen Tradition, die hier den Ersten Intellekt ansiedelt. Aber die

Neoplatoniker ließen dann die Emanationen des Göttlichen in Stufenfolgen bis zur materiellen Welt absteigen und erklärten so die Unvollkommenheit der leiblichen Existenz. Für Mulla Sadra dagegen ist das von Gott hervorgebrachte reine Sein in den Dingen anwesend und passt sich dabei ihrem jeweiligen Wesen an. Dadurch erscheint in der Substanz, im Wesen der Dinge jeweils das göttliche Sein. Dies, so Mulla Sadra, ist letztlich auch mit den Attributen Gottes gemeint, die in den theologisch-philosophischen Diskussionen so viel Streit hervorgerufen hatten. Sie sind die platonischen Ideen, die als Substanzen den einzelnen Dingen zugrunde liegen. So ist im Sein des Einzelnen, so kontingent es immer sein mag, doch jeweils das absolute Sein Gottes anwesend, das »Gesicht Gottes«. In der materiellen Welt ist es die Seele, die das Bindeglied zwischen der dunklen, geistlosen Seite der Materie und dem substantiellen Sein Gottes herstellt: Sie strebt immer der größten möglichen Nähe Gottes zu. So erhält Mulla Sadras Ontologie eine dynamische Note. Die Individuen könne dem »Licht Gottes« folgen und durch ein auf das Geistige gerichtetes Streben an göttlichem »Sein« gewinnen.

Die Verbindung vertrauter neoplatonischer Begrifflichkeit mit der Lichtmetaphorik und Mystik in der Tradition Suhrawardis übte auf viele Zeitgenossen und Nachfolger eine große Attraktivität aus. Deshalb entstand eine regelrechte Schule in der Tradition Mulla Sadras, die bis ins 19. Jahrhundert reichte. Gerade in der jüngeren Vergangenheit hat es vor allem im Iran eine Sadra-Renaissance gegeben, die auch aus den Bedürfnissen in den politischen Kontexten des Iran verständlich wird. Schließlich bietet Mulla Sadras Denken die Möglichkeit, unter Wahrung islamischer »Rechtgläubigkeit« einen individuellen Weg der »Erleuchtung« zu gehen. Zugleich grenzt sich diese Philosophie epistemologisch sowohl gegen eine autoritätsgläubige, traditionsfixierte Islamauslegung ab, weil sie auf rationale Argumente nicht verzichtet, als auch gegen die Verkürzung des Erkenntnisbegriffes auf einen strengen Rationalismus, wie er mit der westlichen Denktradition gleichgesetzt wird. Damit mündet auch die Philosophie Mulla Sadras in den Gegenwartsdiskurs ein. Mit ihm lässt sich die Eigenständigkeit der autochthonen Kulturtradition gegenüber der westlichen Moderne betonen, um zugleich die eigenen Entwicklungspotentiale herauszuarbeiten. Die Debatte um die Möglichkeit und Form eines eigenen Weges in die Moderne ist deshalb auch das zentrale Thema des philosophischen Diskurses in der arabisch-islamischen Welt seit dem 19. Jahrhundert.

10 Philosophie in der Moderne

Am Beginn der arabisch-islamischen Moderne stehen **Kolonialismus und Unterdrückung**. Diesen Erfahrungshorizont sollten »westliche« Betrachter nicht vergessen, denn er macht nicht nur die historisch-politischen Entwicklungen bis zur Gegenwart nachvollziehbarer, sondern erklärt auch die Eigenart der philosophischen Diskurse dieser Moderne. Nicht eine unterentwickelte, auf ihrem Traditionalismus beharrende Kultur stand gegen das Angebot einer Moderne als Aufklärung und Befreiung, sondern eine eigenständige Kultur mit ihrer spezifischen Geschichte sah sich konfrontiert mit militärischer, technologisch-wissenschaftlicher und ökonomischer Überlegenheit, die gnadenlos zur Durchsetzung von Eigeninteressen eingesetzt wurde. Zugleich verknüpfte die westliche Selbstwahrnehmung ihr Tun mit der Behauptung, nicht nur die fortschrittlichere, »bessere« Kultur zu sein, sondern ihre Moderne des Kolonialismus, Imperialismus und der ökonomischen Ausbeutung den anderen Kulturen als segensreiches Angebot zu unterbreiten. Als entsprechend diskreditiert gilt die »westliche« Moderne bei ihren Opfern, und ein entsprechend schwieriger Prozess ist es für die arabisch-islamische Kultur, eine eigenständige Moderne zu entwickeln.

10.1 Moderne als Krise und Aufbruch

Die ambivalente Haltung zur Moderne drückt sich in der arabisch-islamischen Philosophie seit dem 19. Jahrhundert in einer Attitüde von gleichzeitiger **Aneignung und Abwehr** aus. Das zentrale Anliegen ihrer Debatten war die Bewertung der vom Westen herangetragenen oder aufgezwungenen Moderne und ihrer geistigen Grundlagen. In der Folge entwickelte sich eine intensive Auseinandersetzung über die Bewertung des eigenen geistig-kulturellen und damit auch des philosophischen Erbes, sowie um die Möglichkeit und Notwendigkeit, eine autochthone Moderne zu entwickeln. Diese Diskurse werden zusammenfassend »**Turath-Debatte**« genannt. *Turath* ist der arabische Begriff für das (kulturelle) Erbe, aber er meint über die Entdeckung der eigenen Traditionen hinaus vor allem die Frage nach der Gestaltung des Zukünftigen, nach der eigenen Moderne. Zunächst aber mussten die eigenen Traditionen erst freigelegt werden, um einen solchen alternativen Modernebegriff entwickeln zu können. Dies schloss die Kritik an der eigenen Geschichte und den autochthonen Traditionen mit ein. So spottete Djamal ad-Din al-Afghani (1839–1897), einer der einflussreichsten Stichwortgeber der frühen Modernedebatte: »Es ist erstaunlich, dass unsere Ulama Mulla Sadra […] liest und sich selbst großsprecherisch weise nennt, und dies, obwohl sie ihre rechte von ihrer linken Hand nicht unterscheiden kann und nicht fragt: Wer sind wir, und was ist richtig und gut für uns?« (al-Afghani 1968, 106) Für ihn lag die Unterlegenheit der islamischen Kultur nicht in ihrem Wesen, dem Islam, begründet, sondern weil in ihr eine geistfeindliche Ulama vereint mit korrupten Eliten alle geistige Freiheit erstickt hatte. Aber zugleich wendet sich al-Afghani gegen die vom Westen propagierte Überlegenheit der europäischen Kultur. Die einseitige Stärkung des Subjekts in der westlichen Moderne habe zu einer materialistischen Lebensauffassung, zu Egoismus und im Ergebnis zur Inhumanität, zu »Libertinismus und Kommunismus« geführt. Dies beruhe nicht zuletzt auf dem einseitigen Verständnis der europäischen Philosophie von Wahrheit als Ergebnis rationaler Diskurse, wohingegen eine richtig verstandene Weisheit eine Einheit von spiritueller und wissenschaftlicher Erkenntnis sein müsse. Diese glaubt al-Afghani in den Grundlagen des Islam wiederzufinden: »Weil ich sicher bin, dass die Absolute Wahrheit die wahre Religion und richtige Scharia nicht zerstören wird, bin ich mehr als andere davon überzeugt, dass das Bewusstsein und die Seele der Muslime bald aufgeklärt und verbessert werden wird durch die Weisheit.« (Ebd., 125) Es ist also die Hinwendung zu den Wurzeln des Islam, die der arabisch-islamischen Kultur ihren autochtho-

nen Zugang zur Moderne ermöglichen wird und damit auch eine
eigene naturwissenschaftlich-technische Revolution, materiellen
Wohlstand und friedliches Zusammenleben. Dieser Interpretationsli-
nie folgten mehr oder weniger die meisten seine Schüler und Epigonen, so Muhammad Abduh (1849–1905) und Raschid Rida (1888–
1966). Al-Afghani hatte idealtypisch die Punkte vorgetragen, die seitdem die einflussreiche Richtung der **»Re-Islamisierung« im Modernediskurs** bestimmen.

Hier ist nicht das Subjekt der Träger des Erkenntnisprozesses, sondern die Kultur
in ihrer Gesamtheit. Deren Kern ist die Religion, also der Islam; er stellt die Verbindung zwischen der realen Welt und der absoluten Wahrheit Gottes her. Geht
das Bewusstsein dieses Zusammenhangs verloren, verfällt auch die Kultur und
damit die Möglichkeit, die von Gott geschenkten Geisteskräfte produktiv für ihre
Entwicklung einzusetzen. Die Rückkehr zu den Wurzeln der Religion dagegen
ermöglicht die Verbindung von spirituell erfahrener Leitung durch die göttlichen
Wahrheiten mit der menschlichen Fähigkeit zu rationaler Erkenntnis und Wissenschaft. Insofern war auch die Geschichte des Islam ein Irrweg, weil sie diesem Teil
der göttlichen Botschaft an die Menschen zu wenig Beachtung geschenkt hat.

All die Bewegungen und Richtungen, die sich innerhalb des arabisch-
islamischen Modernediskurses für eine Revitalisierung der eigenen
Kultur im Sinne ihrer religiösen Wurzeln aussprechen, folgen mehr
oder weniger diesen Gedanken. Dies gilt für die **Bewegung der
Nahda** (Wiedergeburt), die zunächst einen stärker liberalen und
weltoffenen Charakter hatte und sich vor allem der Modernisierung
des Bildungssystems zuwandte, genau wie für die konservative *Salafiyya* (Bewegung der frommen Vorfahren), bis zu entsprechenden
Richtungen in der Gegenwart vor allem in Umkreis des politischen
Islamismus. Parallel zu dieser Richtung vertraten Denker aber auch
gänzlich andere Ansichten, obwohl auch sie zur *Salafiyya* gerechnet
werden. So sah etwa Ali Abdar-Raziq(1888–1966) die Ursache von
Unterentwicklung und Unfreiheit gerade in der Dominanz des Religiösen in der arabisch-islamischen Kultur und plädierte entsprechend
für eine scharfe Trennung von Staat und Religion. Dem Islam und
seinem Propheten Muhammad sprach er das Anliegen ab, überhaupt
eine politische Absicht gehabt zu haben. Dementsprechend sei der
Islam eine moralische und spirituelle Orientierung für die Individuen

und keine Grundlage für die politische Praxis der Gesellschaft. Diese Grundthese eines »liberalen« Islamverständnisses bestimmte auch andere Richtungen, die sich zu Beginn des 20. Jahrhunderts herausbildeten, etwa den arabischen Nationalismus, wie er von Sati' Husri (1880–1969) und Michel Aflaq (1910–1989) vertreten wurde. Gerade in diesen Kreisen kam es seit dem ausgehenden19. Jahrhundert auch zu einer verstärkten Rezeption der europäischen Philosophie. Dabei spielten »Klassiker« wie Descartes, Kant und Hegel die größte Rolle, aber zunehmend wurden auch die aktuellen Denker des Westens wahrgenommen: Nietzsche und Heidegger, der Positivismus und der Neomarxismus oder die Postmoderne in der Gegenwart. Heute gehört sowohl die eigene Philosophiegeschichte als auch die westliche zum Kanon der akademischen Lehre in der arabisch-islamischen Welt.

Besonders Nietzsche und Heidegger übten einen wichtigen Einfluss auf die Generation der arabisch-islamischen Philosophen der ersten Hälfte des 20. Jahrhunderts aus. In ihrem Denken sahen sie »ihre eigene Enttäuschung über die moderne westliche Zivilisation« gespiegelt (Allam 2004, 48). Hier sind etwa der iranische Philosoph Ahmad Fardid (1909–1994) und seine kritische Position gegenüber dem westlichen Rationalismus zu erwähnen, vor allem aber der indisch-pakistanische Philosoph Muhammd Iqbal (1973–1938). Ausgebildet in Oxford, Heidelberg und München war er neben Nietzsche auch von Bergson und Spengler beeinflusst. Aus ihrer Philosophie heraus entwickelte er weniger eine bloße Kritik der westlichen Moderne, sondern erkenntnistheoretische Annahmen, die eine Übernahme religiösen Denkens in die Moderne plausibel machen sollten. Religion als Ausdruck eines »ganzheitlichen Menschen« sei allein in der Lage, die Subjekt-Objekt-Spaltung des westlichen Rationalismus zu überwinden. Diese These beeinflusst die arabisch-islamische Philosophie bis heute, weil sie Moderne nicht pauschal als genuin »westliche« Kultur in Opposition zur islamischen stellt, sondern vor allem auf das Krisenhafte von Modernität reflektiert und auf ihre inneren Widersprüche verweist, ohne das »Projekt der Moderne« insgesamt völlig in Frage zu stellen. Aber der kritische Gehalt dieses Denkens verliert seine analytische Kraft und seine emanzipatorische Wirkung, weil er auf ein Modernebild setzt, das aufklärerisches Denken als

Ursache der Krisen zu diskreditieren sucht und anstelle einer selbst-
reflexiven, kritischen und damit offenen Moderne die einer »ver-
söhnten« setzt, die durch Religion und Tradition harmonisiert und als
Kultur zum Abschluss gekommenen ist.

10.2 Diskurslinien in der Gegenwart

Die Debatten um die Moderne vollzogen sich auch in der arabisch-
islamischen Welt vor dem Hintergrund realer politischer und sozialer
Krisen. Dem Kolonialismus und der Auflösung traditioneller Herrschaftsverhältnisse folgte die Bildung von Nationalstaaten, deren
Grenzen sich oft nach der völlig willkürlichen Ziehung durch die
ehemaligen Kolonialherren richteten. Die postkolonialen Staaten
durchliefen Phasen unterschiedlichster ideologischer Orientierung
und waren zudem immer eingebunden in das Machtkalkül des Westens, seiner geostrategischen und ökonomischen Interessen, und in
den Ost-West-Konflikt. Die Regime suchten ihre Legitimation in
Ideologien: Republikanismus und Panarabismus, Nationalismus und
Führerkult, Sozialismus und Demokratie, bis hin zu traditionalistischen Monarchien. Keines dieser »Systeme« hatte viel mit den Namen
zu tun, die sie trugen; sie protegierten alte und neue Eliten, vertei-
digten ihre Macht mit diktatorischen Mitteln und führten zu sozialer
Desintegration und Unterentwicklung. Zugleich aber – und dies wird
in den westlichen Analysen gerne unterschlagen – nahm auch die
arabisch-islamische Welt Teil an **Modernisierungsprozessen**, die
die Gesellschaften der Region massiv veränderten und alle Bevölke-
rungsschichten erfassten. 2007 hatte der syrisch-französische Soziologe Youssef Courbage (gemeinsam mit Emmanuel Todd) beschrieben, wie die »Werte der Moderne« die islamischen Länder verändern.[1]
Alphabetisierungs- und Bildungsgrad, Familienplanung und Berufs-
tätigkeit, Konsumverhalten und neue Medien ergeben eine allmähliche, vom Westen kaum bemerkte Individualisierung, in deren Folge
politische und gesellschaftliche, aber auch familiäre Autoritäten zuneh-

---

1   Youssef Courbage/Emmanuel Todd, *Die unaufhaltsame Revolution*, München 2008

mend kritisch hinterfragt werden. Hinzu kommt, dass die Mehrzahl der arabischen Gesellschaften sehr jung ist. Diesen Veränderungen der sozialen Wirklichkeit stehen keine politischen Mechanismen zu ihrer Bewältigung gegenüber. Die Reaktion darauf ist ihrerseits »modern«, nämlich die Forderung nach gleichberechtigter Teilhabe am politischen und sozialen Leben, die auch von religiösen Fundamentalisten aufgegriffen wird, die ihre eigenen, ganz anderen Ziele haben. Aber schon Courbage und Todd hatten darauf hingewiesen, dass der politische Islamismus zu den Verlierern der schleichenden Modernisierung gehört, und zwar gerade, weil er dem Wunsch der mehrheitlich jungen Bevölkerung nach Selbstbestimmung und dem je eigenen Lebensentwurf keine Rechnung trägt. Es gehört allerdings auch zu den verzerrten Wahrnehmungen des Westens, sich die Moderne der arabisch-islamischen Länder wiederum nur als Kopie der westlichen vorstellen zu können. Dies zeigt sich gerade in der »arabischen Revolution« von 2011.

Die Debatte um die Formen der Teilhabe spiegelt sich im philosophischen Diskurs um eine Moderne auf der Grundlage des eigenen »kulturellen Erbes« (*Turath*), das sich bewusst von den »importierten« westlichen Ideologien abzugrenzen sucht.

Die vielfältigen Richtungen und ihre Vertreter können hier nicht umfassend behandelt werden (vgl. dazu Hendrich 2004), aber zumindest sei auf einige Grundelemente des Diskurses hingewiesen: Dabei bildete das Verhältnis zur westlichen Moderne einen doppelten Referenzrahmen für die eigenen Modernekonzeptionen. Der Westen war einmal erfahren worden als Kolonialmacht und später als vollmundiger Verkünder der »westlichen Werte« von Demokratie, gesellschaftlicher und ökonomischer Liberalität und Menschenrechten, was im eklatanten Missverhältnis stand zur realen Politik des Westens, seiner Kumpanei auch mit den brutalsten Diktaturen, seiner Bereitschaft, alle »Werte« zugunsten der eigenen ökonomischen und machtpolitischen Interessen zu vergessen. Die westlichen Gesellschaften erscheinen nicht nur islamistischen Traditionalisten als krank und verlogen. Zugleich aber war der Westen ein Leitbild hinsichtlich seiner ökonomischen und technologisch-wissenschaftlichen Entwicklung und für viele Intellektuelle auch ein Hort persönlicher Freiheit und Pluralität, Garant bürgerlicher Rechtsstaatlichkeit, die sie in ihren eigenen Gesellschaften schmerzlich vermissten. »Der nicht-westliche Mensch entdeckte seine Rückständigkeit im Spiegel des hoch entwickelten Westens«, schreibt der 1945 geborene syrische Schriftsteller und Philosoph George Tarabischi (zitiert nach Heller/Mosbahi 1998, 73). Zugleich mussten die Muslime sich eingestehen, dass von der Überlegenheit ihrer Kultur gegenüber dem Westen, die bis ins 14. Jahrhundert geherrscht hatte, nichts mehr übrig geblieben war. Diese Erkenntnisse nennt Tarabischi die **»anthropologische Wunde«** – eine Kränkung, die das »defensive Bedürfnis, sich selbst zu erhöhen und den Anderen in seine Grenzen zu verweisen« hervorgerufen hat (ebd., 74). Solange nun die Hoffnung auf eine Modernisierung aus eigener Kraft bestand, wie in Zeiten der Unabhängigkeitsbewegungen vom Kolonialismus und danach, war die grundsätzliche Haltung gegenüber der westlichen Moderne eher positiv und auf Übernahme von Wissen und politischen Modellen ausgerichtet. Das Scheitern der Modernisierung im 20. Jahrhundert aber rief die fundamentalistische Gegenreaktion hervor, die sich auf die Revitalisierung jenes Teils der eigenen Geschichte und Kultur beruft, der der westlichen Moderne völlig entgegengesetzt ist: dem orthodoxen, geistfeindlichen Islamverständnis. Dieses aber bedeutet für Tarabischi »nichts anderes als eine Rückkehr zu dem, was den Niedergang des Islam bewirkt hat, nicht zu dem, was seine große zivilisatorische Leistung war« (ebd., 83), nämlich die Künste, Wissenschaften und Philosophie. Hier hebt Tarabischi besonders Ibn Ruschd als Vertreter einer frühen Aufklärung im Islam hervor. An der Haltung zu dem Klassiker Ibn Ruschd lässt sich die Bewertung des europäischen wie des eigenen »Erbes« ablesen. Die Rezeption Ibn Ruschds begann parallel zum Übergang der arabisch-islamischen Gesellschaften in die Moderne, und mit ihr war auch ein umfassendes Interesse an der gesamten Philosophiegeschichte der eigenen Kultur verbunden. Über das historisch-philologische Interesse der akademischen Philosophie hinaus gilt Ibn Ruschd den Gegenwartsphilosophen je nach ihrer Position zur Moderne als Wegbereiter einer »islamischen« Aufklärung oder als Teil eines universellen »Projekts der Moderne« (Habermas), an dem auch die arabisch-islamische Welt Teil hat.

Das kulturelle Erbe als Aufklärung

Philosophen wie Muhammad Arkoun (1928–2010), Fuad Zakariya (1927–2010) und Sadiq Djalal al-Azm (geb. 1934) sehen in Ibn Ruschd einen Vorläufer jenes »Projekts« von Moderne und Aufklärung, das sich einer kritischen und diskursiven Vernunft verpflichtet fühlt. Politisch impliziert es das Ziel einer weltweiten Durchsetzung säkularer, demokratisch verfasster Rechtsstaaten und die Anerkennung der Menschenrechte. Für die Überwindung der Marginalisierung der arabisch-islamischen Welt spielt hier das Bewusstsein der eigenen Aufklärungstradition eine wichtige Rolle. Der nostalgischen Rückbezug auf einen Frühislam, der angeblich rein und konfliktfrei war, weil hier die Weisungen Gottes im Koran nach ihrem Wortsinn befolgt wurden, führt dagegen zu einer »ahistorischen Wahrnehmung der Vergangenheit« (Zakariya). So verstanden ist der *Turath*, das »kulturelle Erbe«, für die Blockade der eigenen Gesellschaften mit verantwortlich und verfehlt die Einsicht, »dass die Befreiung von Dogma und autoritären Strukturen ein universal gültiges Anliegen der Säkularisierung ist«, und »Rationalität, kritischer Geist, wissenschaftliche Konsequenz und intellektuelle Unabhängigkeit das kulturelle Erbe des Islam« (Zakariya in: Lüders 1992, 241) nicht bedrohen, sondern dessen besten Kern ausmachen.

Arkoun, al-Azm und andere weisen darauf hin, dass die Behauptung, Subjektphilosophie und philosophischer Rationalismus gehörten ausschließlich zur westlichen Kultur, in eine Verfälschung der islamischen Kultur einmündet, nämlich in das **Konstrukt einer spezifisch »islamischen Vernunft«**. Dieser Begriff wird nicht nur affirmativ von fundamentalistischen Theoretikern benutzt, sondern taucht auch im Gefolge der Rezeption einer modernekritischen, postmodernistischen Kulturphilosophie auf. Arkoun sieht darin »die theologische Spekulation und die ideologische Konstruktion (besonders im Bereich des Rechts) sowie die scholastischen Tendenzen«, die in »allen ihren Variationen« bis in die Gegenwart »Ausdruck politischer Machtverhältnisse sind« (Arkoun in: ebd., 272), und keineswegs identisch mit der Reichhaltigkeit der philosophischen Traditionen in der islamischen Kultur. Al-Azm weist in diesem Zusammenhang auf die »Affinität zwischen einigen irrationalistischen, romantisch-mystifikatorischen postmodernen Strömungen und Tendenzen im europäischen Denken« (al-Azm in: ebd., 258) und »mittelalterlichen Denkstrukturen« im Kontext der islamischen Gegenwartskultur hin. Gemeinsam lehnt dieser Irrationalismus die Vernunfttradition der Aufklärung als subjektzentriert, logozentrisch und eurozentrisch ab und sieht in ihr den Verhinderer jeder autochthonen Kulturentwicklung, etwa im Islam. Gerade dadurch aber, so al-Azm, verfehlen sie den Charakter der Aufklärung und stärken die gesellschaftliche Gegenaufklärung. Denn aufklärerische Vernunft geht von der Notwendigkeit diskursiven Ermittlung und der Vorläufigkeit menschlicher Urteile aus und richtet sich damit gegen jede Art fundamentalistischer Ansprüche auf absolute Wahrheiten. Insofern ist die Behauptung einer kulturspezifischen Form von Vernunft immer auf die Verhinderung von Vernunft angelegt, »weil sie die Souveränität des Menschen und seine freie Lebensgestaltung ablehnt zugunsten der Restauration göttlicher Souveränität« (al-Azm in: ebd., 259), über deren Auswirkungen für eine gesellschaftliche Praxis dann wieder nur eine kleine Elite von Auserwählten entscheiden darf. Dadurch wird »der Mensch als universale Kategorie [...] geopfert zugunsten einer Profilierung des islamischen Menschen« (ebd.), und der Rekurs auf die angeblichen Kräfte der autochthonen Kultur spaltet die Welt nicht nur in »westliche« und »islamische« Menschen, sondern die islamische Kultur selbst in »falsche« Muslime, die sich der Vernunfttradition eines Ibn Ruschd verpflichtet fühlen, und »richtige« Muslime, die an die Superiorität des Korans glauben.

Al-Djabri und Hanafi

Es darf allerdings nicht übersehen werden, dass gerade in der Bewertung der »eigenen« und der »fremden« Vernunfttradition eine Konfliktlinie innerhalb des philosophischen Gegenwartsdiskurses verläuft. Die Frage, was unter einer »Aufklärung« im Islam zu verstehen ist, bleibt höchst umstritten. So bezieht sich der marokkanische

Philosoph Muhammad Abid al-Djabri[2] (1936–2010) ebenfalls auf Ibn Ruschd, aber nicht als Teil eines universalen Aufklärungsethos, sondern als Wegbereiter einer »arabischen Vernunft«. Diese, über Jahrhunderte geschwächt durch die einseitige Übernahme irrationalistischer Philosophie aus dem islamischen Osten (etwa Ibn Sina), und dann von den eigenen Kulturtraditionen abgetrennt durch die Dominanz europäischen Denkens in der Moderne, müsse sich ihrer eigenen rationalistischen Traditionen wieder bemächtigen:

> »Mit seiner östliche Philosophie segnete Avicenna einen spiritualistischen und gnostizistischen Trend ab, dessen Wirkung richtungsweisend war in der Regression des arabischen Denkens von einem offenen Rationalismus, hauptsächlich vertreten durch die Mu'taziliten, dann durch al-Kindi und kulminiert bei al-Farabi, zu einem schädlichen Irrationalismus, der das »verdunkelnde Denken« solcher Gelehrter wie al-Ghazali, Suhrawardi von Aleppo und anderer […] vorwegnahm.« (Djabri 1999, 58)

Gerade weil die Krise der Gegenwart vor allem eine Krise der eigenen Identität sei, müsse die arabisch-islamische Welt ihre Kulturtradition einer »Dekonstruktion« unterziehen, wie sie innerhalb der westlichen Postmoderne gegenüber der europäischen Geschichte stattgefunden hat. Nur so lasse sich ein nichtdeformiertes, unverfälschtes »kulturelles Ich« freilegen, das Grundlage für eine autochthone, selbstbestimmte Moderne sein könne. Dafür ist das »averroistische Projekt«, wie al-Djabri es nennt, wegweisend, weil Ibn Ruschd seiner Ansicht nach die autochthone Kulturtradition des Islam mit dem philosophischen Rationalismus versöhnt hat. Denn Ibn Ruschds Unterscheidung zwischen der Sphäre des Religiösen und des Philosophischen weist beiden ihre Aufgaben und Möglichkeiten zu, ohne dass – wie in der einseitigen Befolgung der europäischen Vernunfttradition und ihres säkularistischen Modells – der für die Gesellschaft wünschenswerte normative Gehalt des Religiösen verloren geht.

Die große Wirkung al-Djabris beschreibt die Soziologin Fatima Mernissi, berühmt für ihre kritische und kämpferische Auseinandersetzung mit einem patriarchalischen und chauvinistischen Islamver-

---

2   Die Transkription seines Namens ist in der Literatur nicht einheitlich (z.B. Djabiri, Jaberi). Ich folge der Nennung, die er selbst bevorzugte.

ständnis: Al-Djabri habe »Millionen Jugendliche mit ihrer Modernität« in Einklang gebracht, weil sie durch ihn einen Islam kennen ler-
nen, »in dem Offenheit und individuelle Meinung integrativer Be-
standteil der Tradition sind« (Mernissi 1992, 56). Umgekehrt hat seine
kritische Haltung gegenüber der »Philosophie des Ostens« auch
scharfe Gegenkritik hervorgerufen. So lehnt sein ägyptischer Kollege
Hasan Hanafi (geb. 1935) nicht nur die pauschale Bewertung von
Mystik, Illuminismus und spiritueller Philosophie als »Irrationalismus« ab, sondern kritisiert auch al-Djabris Orientierung an Methoden
und Inhalten der französischen Postmoderne, namentlich an Fou-
cault. Hanafi hat seit den achtziger Jahren seinerseits ein System zur
Freilegung des verschütteten kulturellen »Ichs« erarbeitet, das mit der
Kritik des »Anderen«, nämlich der europäischen Kultur ansetzt. In
ironischer Spiegelung der europäischen Wissenschaft der Orientalis-
tik nennt er sein Projekt **»Okzidentalistik«.** Die Kritik des Westens
erschöpft sich dabei nicht nur in der Aufzählung von Kolonialismus,
Imperialismus, Ausbeutung und kultureller Hegemonie, sondern will
über die Wechselwirkung zwischen der westlichen Kultur des »Zentrums« und den Kulturen der »Peripherie« aufklären, zu denen auch
die islamische zählt.

Die Kultur des Zentrums »kolonisiert« das Bewusstsein der Peripheriekulturen und deformiert sie bis zur Unkenntlichkeit. Aber zugleich verliert auch das europäische Bewusstsein seine »Mitte« und
steuert auf einen kulturellen Niedergang zu. Denn die Überbewertung
der Autonomie der Subjekte und die damit verbundene Verabschie-
dung jedes verpflichtenden Wahrheitsbegriffes führt zur »Selbstauf-
hebung der Aufklärung« in der europäischen Tradition. Die Hegemonie der zum Zweckrationalismus erstarrten europäischen Vernunft
beraubt die Individuen ihrer je eigenen Weise der Daseinsbewälti-
gung. In der säkularen Moderne des Westens wird aus »jedem a priori
ein a posteriori« (Hanafi 1995, II 367), und so finden die Menschen
keinen Zugang mehr zu sittlichem Handeln: »Die menschliche Seele
hat ihre transzendentale Kraft verloren.« (Ebd., 370) Dagegen müssen die Peripheriekulturen ein eigenes Bewusstsein entwickeln und
dem europäischen Subjektbegriff, der nur die Freiheit »von etwas«
kennt, ein Ethos der »Freiheit für etwas« entgegensetzen. Innerhalb
der islamischen Kultur geschieht dies durch die Freilegung der inno-

vativen Kräfte der Volkskultur, und dies schließt für Hanafi philosophische Mystik, Volksfrömmigkeit und Islam zugleich mit den eigenen rationalistischen Traditionen ein. *Turath* ist für ihn eine Verbindung der Sehnsüchte der marginalisierten Völker nach einem besseren Leben mit ihrem spezifischen spirituellen und historischen Erbe, durch das sich die kulturelle Identität wiedergewinnen lässt. Dieser von ihm so genannte »revolutionäre Islam« sucht keine Nähe zu den fundamentalistischen Islamisten, die aus dem Staat eine Theokratie machen wollen und gerade dadurch eine »Religion der Elite« vertreten. An diesem »linken Islamismus« setzt wiederum die Kritik an. So verweist der syrische Philosoph Aziz al-Azmeh (geb. 1947) darauf, dass Hanafis Konzept einen *homo islamicus* propagiert, der auf »irgendeine zutiefst geheimnisvolle Weise« und »in absoluter Missachtung der historischen und heutigen Realität als verwurzelt in selbstlos solidarischen Verhaltensweisen« erscheint (al-Azmeh 1996, 144). Hanafis »revolutionärer« und »linker« Islam erweise sich dadurch nicht nur als politisch illusionistisch, sondern stehe in gefährlicher Nähe zu kulturalistischen Gedanken der Gegenaufklärung. Wie immer man Hanfis Denken beurteilt, fällt an seinem Konzept der »Zentrum- und Peripheriekulturen« die Nähe dieser Kulturkritik der Moderne zu ähnlichen Thesen innerhalb der aktuellen westlichen Postkolonialismus-Debatte auf. In seinem Buch »Die Islamisierung des Islam« verweist al-Azmeh noch auf eine weitere Parallele: die zwischen westlich-kulturalistischem und islamisch-fundamentalistischem Denken. Ein ahistorisch und kulturessentialistisch begriffener Islam wird dabei als Kern der Identität ausgegeben. In dieser kulturellen unwandelbaren Identität wird jeweils das schlechthin »Fremde« ausgemacht; aus westlicher Perspektive der mit Moderne und Aufklärung per se inkompatible Islam, aus islamistischer das Gegenbild zur degenerierten westlichen Welt und das überzeitlich verfügbare Gegenmodell. Al-Azmeh arbeitet dabei heraus, dass beide Positionen das gleiche Modell einer verleugneten Moderne teilen, in dem sie diese nicht als offene, unabschließbare begreifen, sondern als endlich zu einem Ende gekommene unter dem »Zauberbann der Teleologie« (al-Azmeh 1996, 107). Al-Azmeh ist mit seiner Analyse neben al-Azm wohl einer der konsequentesten und radikalsten Analytiker in der Tradition der Aufklärung in der arabischen Gegenwartsphilosophie.

In der Debatte um Turath und Moderne finden sich noch eine
Reihe anderer Traditionslinien, die zum Teil seit dem19. Jahrhundert
lebendig geblieben sind. Besonders im Bürgertum und bei den Eliten
sehr einflussreich ist eine Position, die eine konservative Kulturkritik
der Moderne mit der Bejahung der Moderne als technologisch-wis-
senschaftlichem Fortschritt verbindet. So hatte etwa der ägyptische
Philosoph Zaki Nadjib Mahmud (1905–1993) in positivistischer
Tradition die Modernisierung der arabisch-islamischen Gesellschaften gefordert und darunter vor allem den Bruch mit wissenschafts-
feindlichen Kulturtraditionen und Lebensweisen verstanden. Dies
allein reiche aber nicht: Eine autochthone Moderne benötige ein
modernes Staatswesen und eine adäquate Verwaltung, Meinungs- und
Wissenschaftsfreiheit und die umfassende Reform des Bildungswe-
sens. Während aber »Vernunft und Erfahrung« der Ausgangspunkt
einer Moderne in Wissenschaft und Technik ist, folgt der kulturelle
Kern der Gesellschaft einer »anderen Logik«. So findet sich auch in
der islamischen Kultur ein Kanon von Werten, der als ontologische
Gewissheit die Grundlage für praktische Ethik und Politik abgibt.
Dieser authentische »Kern« der islamischen Kultur ist nicht hinter-
fragbar und steht damit auch nicht in der autonomen Verfügbarkeit
der Subjekte. Während Rationalität und Kritik die Sphäre von Wissenschaften und technologischem Fortschritt betreffen, soll der kulturelle Kern der islamischen Gesellschaften traditionalistisch an einen
überlieferten Wertekanon gebunden bleiben, weil nur dieser den
Zusammenhalt in einer pluralistischen Moderne garantiert und Ausdruck der kulturellen Identität aller Muslime ist. Es verwundert nicht,
dass sich Mahmud in Ethik und Kulturtheorie folgerichtig nicht an
den »rationalistischen« Klassikern wie Ibn Ruschd orientiert, sondern
an al-Ghazali und Ibn Taimiyya. Ähnliche Positionen sind, jeweils mit
unterschiedlichen Akzentuierungen, bei dem irakischen Philosophen
Muhsin Sayyid Mahdi (geb. 1926) und bei Fazlur Rahman (1919–
1988) zu finden. Gemeinsam ist ihnen die in der arabisch-islamischen
Welt weit verbreitete Auffassung, eine Moderne der Wissenschaften,
Technologie und Wirtschaft sei ohne eine lebensweltliche und politische Moderne zu haben. Die der Moderne inhärente Tendenz zur
Individualisierung der Lebensstile, zur Säkularisierung und Pluralisie-
rung von Moralvorstellungen, die auch politisch zur »neuen Unüber-

sichtlichkeit« (Jürgen Habermas) der Gesellschaft führt, stellt ein konservatives Denken die Hoffnung auf eine »versöhnte« Moderne gegenüber. Die Möglichkeit einer eigenständigen Moderne in der arabisch-islamischen Welt wird in einem konservativen Verständnis von *Turath* verknüpft mit der Bereitschaft der Individuen, in einer Kulturgemeinschaft aufzugehen, sich ihren »Werten« unterzuordnen und damit eine der wichtigsten Charakteristika modernen Selbstverständnisses aufzugeben: die Autonomie und Selbstbestimmung der Subjekte, aus der heraus die Legitimierung von politischer Herrschaft überhaupt nur möglich ist. Interessant darin ist, dass der Modernediskurs der arabisch-islamischen Welt hier nicht substantiell von dem der »westlichen« Moderne seit dem 19. Jahrhundert verschieden ist. Auch der europäische Modernediskurs ist bestimmt von dem Versuch, das »Unbehagen in der Moderne« (al-Azm) mit dem Rekurs auf absolute Wahrheiten, kulturelle Einheit und religiös-normative Gewissheiten abzuwehren. Insofern stellt der Versuch einer Revitalisierung des Religiösen und Historischen als normativer Grundlage für eine »andere« Moderne keine Abwehr der Moderne dar, sondern ist ein Phänomen innerhalb der modernen Kultur.

Die Ablösung der Turath-Debatte

Insgesamt begann die philosophische Debatte um die Moderne in der arabisch-islamischen Welt vor etwa zehn Jahren eine neue Qualität anzunehmen. Weniger die Dichotomie von »fremder« Moderne und »eigener« Kultur begann sie zu bestimmen, sondern eine kreative Rezeption europäischer Philosophie, die zur Neuinterpretation eigener sowohl philosophischer wie kultureller Traditionen genutzt wurde und zur Wahrnehmung der gesellschaftlichen Modernisierung und ihrer Differenzierungsprozesse führte. Dafür steht etwa der marokkanische Philosoph Taha Abd ar-Rahman, der von der sprachanalytischen Philosophie her eine radikale Kritik der Geltungsansprüche philosophischen und religiösen Denkens entwickelte. Der Iraner Abdolkarim Soroush (geb. 1945) ging einen anderen Weg: Ursprünglich ein Schüler des radikalen schiitischen Regimekritikers Ali Schariati (1933–1977), verbindet er dessen Synthese von Ideologiekritik, aufgeklärtem Humanismus und religiöser Schwärmerei mit der Forderung nach einem »pluralistischen Islam«. Moderne wird in seinem Denken als Faktum der Gegenwart begriffen, dem sich keine Gesellschaft oder Kultur entziehen kann. Vernunft und Religion stehen in der modernen Kultur nicht mehr gegeneinander, sondern existieren mit verschiedenen Geltungsbereichen nebeneinander. Daraus soll ein **pluralistisches Islamverständnis** entstehen, das weder in eine gesellschaftliche Marginalisierung noch in einen fundamentalistischen Dogmatismus mündet. Dahinter steht ein Kerngedanke, der nicht nur von Soroush, sondern zunehmend in der ganzen islamischen Welt geäußert wird: Zwar seien die göttlichen Wahrheiten, wie sie im Koran zu finden seien, ewig und unveränderlich, doch müsse davon zunächst das Wissen unterschieden werden, das Menschen in realen historischen Kontexten davon haben könnten. Darüber hinaus sollte die göttliche Wahrheit nicht mit den Geboten verwechselt werden, die ihre normative Geltung und inhaltliche Bedeutung ebenfalls nur durch die Kontexte und Begründungen von Menschen in der Geschichte erhalten. Soroush bezieht sich dabei auf den kritischen Rationalismus Poppers (dessen *Die offene Gesellschaft und ihre Feinde* übrigens erst 1985 ins Persische übersetzt wurde). Ähnlich wie in allen wissenschaftlichen Diskursen sei das Wissen von den religiösen Wahrheiten gebunden an die Möglichkeit der Widerlegung einer Interpretation und entsprechend habe »Wahrheit« immer einen evolutionären Charakter.

Ähnlich argumentiert der syrische Publizist Muhammad Schahrur (geb. 1938). Sein Einfluss geht seit der Veröffentlichung seines Buches *Die Schrift und der Koran – Eine zeitgenössische Lesung* (1990) vielleicht noch über den von Soroush hinaus – besonders unter der akademischen Jugend aller Fachrichtungen. Dazu mag beigetragen haben, dass Schahrur nicht als Religionsgelehrter oder Philosoph argumentiert, sondern als Ingenieur mit einem mathematisch-naturwissenschaftlichen Verständnis. Für ihn ist es vor allem die Kaste der Religionsgelehrten, die durch ihre Allianz mit den jeweiligen politischen Mächten in der islamischen Geschichte bis zur Gegenwart bestimmte Koraninterpretationen jeweils als sakrosankt darstellten. Damit konnte Herrschaft legitimiert und gesellschaftlicher Diskurs verhindert werden. Für Schahrur steht umgekehrt außer Frage, dass der Islam die vorherrschende und entscheidende normative Kraft in der arabischen Welt ist. Nur müsse dazu unterschieden werden zwischen dem Koran und der Prophetensunna bzw. den Hadithen. Letztere seien das Ergebnis historischer Prozesse und könnten dadurch keine normative Geltung beanspruchen. Für den Koran selbst entwickelt er eine »Theorie der Grenzen«, durch die zwischen »Prophetie« und »Botschaft« unterschieden wird. Während die Prophetie die göttlichen, absolut gültigen Wahrheiten beinhalte, sei die Botschaft mit ihren normativen Aussagen gebunden an eine Rechtspraxis, die wiederum nur aus der Interpretation und diese wiederum nur aus freien Diskursen entstehen könne. Während also die in der Prophetie ausgesprochene göttliche Wahrheit den Orientierungsrahmen als normativen Grundgedanken ausspricht, bleibt die Frage der konkreten Einlösung der menschlichen Entscheidungskompetenz überlassen und mündet entsprechend in vielfältige Möglichkeiten statt einer religiös begründeten Wahrheit. Dies wird von manchen Interpreten als gelungene Synthese von Islam und modernen Demokratie- und Menschenrechtsvorstellungen gewertet. Philosophisch versucht Schahrur dabei auf Alfred North Whitehead (1861–1947) zurückzugreifen. Dieser hatte dargestellt, dass die Wirklichkeit als »Prozess« der Vernunft vorausgeht, und in seiner Kosmologie Gott als die Kraft ausgemacht, deren Schöpfung und Präsenz gerade im Offenhalten des Prozessualen besteht. Schahrur entwickelt daraus die Kategorien des »Seins« als des Göttlichen und Absoluten und des »Werdens« als die Sphäre des Menschlichen und Relativen. Hier wird freilich deutlich, wie weit seine philosophischen Grundlagen von den aktuellen Diskursen um Menschenrechte entfernt sind. Deren eher durch Kant geprägter, subjektbezogener Ansatz wird bei Schahrur durch den Versuch einer Re-Ontologisierung qua Religion ersetzt, die verzweifelt versucht, in der »Unübersichtlichkeit« einer unabschließbaren Moderne ein sicheres, nicht zur Diskussion stehendes Fundament zu finden. Dies hat ihm auch in der arabischen Welt viel Kritik eingetragen, die allerdings längst nicht an die Polemik heranreicht, der sich Schahrur durch Religionsgelehrte und Islamisten ausgesetzt sieht.

Insgesamt zeigt sich, dass innerhalb der philosophischen Diskurse eine Akzentverschiebung stattgefunden hat. Nicht mehr die Aneignung bzw. Transformation einer »westlichen« Moderne oder ihre Ablehnung steht inzwischen im Mittelpunkt, sondern die philosophisch-politische Auseinandersetzung mit einer als Faktizität begriffenen Moderne. Während des 20. Jahrhunderts wandelte sich die europäische Moderne zur globalen; spätestens mit dem Beginn des neuen Jahrtausends ist sie die historische Verlaufsform aller Gesellschaften. Dies bedeutet aber: »Vor allem müssen modernisierende Kulturen nicht immer wieder, wie ein geradezu kolonialistisch-anmutendes Modell es will, die abendländische Modernisierungsgeschichte nachahmen, um schließlich modern zu sein.« (Schnädelbach 2000, 33) Die globale Moderne vollzieht sich eher in vielen unterschiedlichen Modernisierungsgeschichten und -formen. Dies hat die arabisch-islamische Philosophie vielleicht besser begriffen als Teile der europäischen, die außereuropäische Modernediskurse immer noch nur als »nachholende Revolution« begreifen kann (um hier einen Ausdruck von Habermas zu missbrauchen). Bei der arabisch-islamischen Gegenwartsphilosophie fällt eher auf, mit welcher Selbstverständlichkeit der Modernediskurs die eigenen Denktraditionen und Problemkonstellationen mit Gedanken der westlichen Philosophie verknüpft.

Ein Beispiel dafür ist Nasr Hamid Abu Zaid (1943–2010). Einer breiten Öffentlichkeit in Europa wurde Abu Zaid bekannt, als er 1995 in Ägypten von seiner Frau Ibtihal Yunes wegen Apostasie zwangsgeschieden wurde und unter dem Druck des Mubarak-Regimes und der Islamisten in Holland Asyl suchte. Seinen internationalen Ruf als Wissenschaftler verdankte er vor allem seiner **literaturwissenschaftlichen Koranexegese**. Dahinter steht ein Moderneverständnis, dass die normativen Grundlagen der Moderne als Teil des Menschheitserbes begreift, das jeweils aufgespürt oder übersetzt werden müsse. Bezeichnend für seine Haltung ist ein Zitat aus seiner Autobiografie:

»Prinzipien wie die Menschenrechte oder die Demokratie müssen […] nicht erst durch die Religion legitimiert werden. Sie sind universal geworden und gehören der gesamten Menschheit. Allerdings müssen sie innerhalb des jeweiligen kulturellen Kontextes erläutert und heimisch gemacht werden. […] Es ist nicht apologetisch, wenn ich sage, dass die Gewaltenteilung oder die Menschenrechte unserer Kultur nicht fremd sind. Um sie vertraut zu machen, muss ich sie übersetzen und mit dem in Zusammenhang bringen, was in meiner Kultur bereits bekannt ist.« (Abu Zaid 1999, 68)

Entsprechend ist auch das »kulturelle Erbe« (turath) etwas, das »nachdenklich befragt und untersucht« werden muss (Abu Zaid 1998, 199), und zu diesem Erbe gehörten ganz zentral der Islam und seine Grundlage, der Koran. Dabei geht es Abu Zaid nicht um eine rationalistisch-säkulare Abweisung des Korans als normativer Grundlage der islamischen Kulturen, sondern um die Freilegung der »dynamischen, sozialen und historischen Wirkungskraft«, die »ständig neu entdeckt, untersucht und interpretiert« werden muss (Abu Zaid 1996, 93). Um dies zu erreichen, greift Abu Zaid auf eine Fülle von Anregungen zurück. Dies beginnt mit dem ägyptischen Literaturwissenschaftler Muhammad Ahmad Khalafallah (1916–1997), der in seiner Dissertation »Erzählkunst des Koran« den Koran als literarisches Werk behandelt hatte und damit einen Skandal auslöste. Aber auch Hasan Hanifi beeinflusste Abu Zaid, auch wenn er auf deutliche Distanz zu dessen »revolutionärem Islam« ging. Historisch war für Abu Zaid vor allem die Mu'tazila als erste theologische Schule einer systematischen Koranauslegung interessant, aber auch die spätere Philosophie, namentlich Averroes (Abu Zaid hatte bis zu seinem Tode den Ibn-Rushd-Lehrstuhl in Utrecht inne). Eine wichtige Rolle bei einer Neuinterpretation des Verhältnisses von Religion und Gesellschaft spielt für ihn auch der Mystiker Ibn Arabi und dessen These, dass hinter dem bloßen Wortlaut des Korans sein eigentlicher Sinn verborgen liege, der sich erst in der Betrachtung (also Interpretation) erschließe (vgl. Abu Zaid 1999, 130ff). Zu diesen Einflüssen treten die Kulturtheorie, Linguistik, Sprachphilosophie und Hermeneutik der westlichen Philosophie: Saussure, Lévi-Strauss, Schleiermacher, Dilthey, Heidegger, Althusser und Gadamer, aber auch der japanische Islamwissenschaftler Toshihiku Izutsu. Die Bedeutung der aus all diesen Einflüssen entstehenden Neuinterpretation des Korans liegt nicht nur in den Detailergebnissen ihrer Analyse, sondern mehr noch in dem hermeneutischen Gesamtansatz, nämlich sich der Geschaffenheit und Gewordenheit »heiliger« Texte auch im soziokulturellen Kontext der islamischen Kulturen bewusst zu werden, und damit der Interpretationsbedürftigkeit ihrer Aussagen, die ihrerseits wiederum der Relativität einer Gewordenheit in konkreten historischen Abschnitten unterliegt. Solche auf Diskursivität und Vorläufigkeit ausgerichtete kritische Hermeneutik mag im europäischen Kontext wenig spektakulär klingen, hat aber in den modernen islamischen Gesellschaften eine wichtige **Aufklärungsfunktion** im Sinne eines »Naivitätsverlustes« (Horkheimer). Zugleich verweist seine kritische Koranlektüre nicht nur auf Vernunft und Diskurs, sondern stellt Religion und Glaube als persönliche normative Orientierung niemals in Frage und begründet damit auch ein eigenes Moderneverständnis im Kontext der islamischen Kulturen.

Die kritische Revision der angeblichen Ewigkeit und Ungeschaffenheit des Korans, der daraus abgeleiteten Scharia als normativer Grundlage und damit der Nachweis ihrer Historizität beschränkt sich keineswegs auf den Beitrag Abu Zaids. Ähnlich äußert sich der tunesische Essayist Muhamed Talbi (geb. 1921). Ursprünglich in großer Nähe zum Regime Bourguibas, ging er auf deutliche Distanz zu dessen Nachfolger Ben Ali und bezeichnete dessen Regime schon 2003 als »immensen Gulag für den Geist« und »stupide Diktatur«. Frühzeitig wies er auch auf die sich wandelnde tunesische Zivilgesellschaft als Motor für gesellschaftliche Veränderungen hin. Bekannt wurde er aber vor allem durch seine These von der »dynamischen Lektüre« des Korans, die eine konservative Lesart und damit auch gesellschaftliche Machtverhältnisse überwinden soll, und die auch der marokkanische Philosoph Abdou Filali Ansary vertritt. Talbi begreift den Koran als »laizistisches Buch«, weil es keine Hierarchien kenne und den Gläubigen als frei und selbstbestimmt seinem Gott gegenüber stelle. Diese Sichtweise des Islam, die sich besonders mit den Freiheitshoffnungen der arabischen Jugend deckt, hat die Diskurse verändert. Zugleich ist sie Teil des »Generationenwechsels«, der sich in den letzten Jahren allmählich vollzieht: Eine jüngere Generation von Vordenkern erweitert die Thesen von Historizität und Interpretierbarkeit, des Korans um die Frage, wie eine liberale, an **Menschenrechten und Demokratie** orientierte Gesellschaft aussehen soll, die ihren normativen Kern trotzdem aus dem Islam bezieht.

Eine wichtige Stimme ist hier Abdullahi Ahmed An-Na'im (geb. 1946). Der sudanesische, heute in den USA lehrende Rechtsphilosoph begreift wie Abu Zaid die Menschenrechte als Teil der islamischen Kulturtradition, sieht ihre Durchsetzung aber erst in der Verrechtlichung gewährleistet. Dabei orientiert er sich an Mahmud Muhammad Taha, der 1985 im Sudan wegen Apostasie hingerichtet wurde (al-Azm nennt Tahas Verteidigungsrede während des Prozesses »eines Sokrates für würdig«; vgl. al-Azm 1993, 41). Der islamische Theologe Taha hatte in seiner Schrift »Die zweite Botschaft des Islam« eine Verbindung von mystischer Erfahrung (etwa in der Tradition Ibn Arabis) und intellektuellem Modernismus gesucht. Taha ging davon aus, dass die Interpretation des Korans aufgrund seiner Historizität nur bedeuten kann, dass »niemand Gott kennt außer Gott selbst« (Taha in: Meier 1994, 530), und sich deshalb eine Rechtspraxis niemals auf den Gotteswillen, sondern nur auf den gesellschaftlichen Konsens der Individuen berufen könne, die sich aber ihrerseits auf eine persönliche religiöse Orientierung berufen könnten. An-Na'im folgert daraus, dass auch vom Islam selbst nicht gesagt werden könne, was er letztendlich sei. Insofern ist die Scharia oder jede als islamisch bezeichnete Rechtsauffassung nicht mehr als das, was Muslime in Bezug auf die heiligen Quellen interpretieren. Und hier sei die Grundlage die göttlich inspirierte »erste Botschaft« der mekkaner Suren, und nicht die aus dem Kontext der sozialen und politischen Realitäten des 7. Jahrhunderts zu verstehenden medinenser Suren (so hatte bereits sein Lehrer Taha argumentiert). Mit der »ersten Botschaft« des Korans ließen sich universale Menschenrechte in islamischen Begriffen ausformulieren. Diese »islamischen Menschenrechte« müssten aber säkular begriffen werden, denn als Rechtsnormen könnten sie immer nur in einem Staat entstehen, der gar nicht anders zu verstehen sei denn als innerweltliches, historisches Gebilde. Für an-Na'im ist ein solcher Bezug von Menschenrechten und Demokratie auf den Islam geradezu zwingend, weil diese Ideen sonst bei den Muslimen als aufgezwungener Import aus dem Westen nie wirklich verwurzelt werden könnten.

Dem würde sein tunesischer Kollege Ridha Chennoufi vehement widersprechen. Der an Habermas geschulte Professor für Politische Philosophie begreift die Entwicklung der arabischen Länder vor allem als Ausdruck eines sich allmählich Bahn brechenden demokratischen Bewusstseins. Die Geltung und Durchsetzung von Menschenrechten und Demokratie ist nicht an einen kulturspezifischen Begründungsdiskurs gebunden, sondern ergibt sich zunächst aus einer gesellschaftlichen Praxis, in der die Menschen sie als Bedürfnis formulieren. Ihr Rechtscharakter könne dann gar nicht anders als in einer offenen, säkularen Gesellschaft verwirklicht werden. Diese »Diskursbedingungen« wiederum seien aber bereits an die Anerkennung universal geltender Menschenrechte gebunden. Erst in einer Rechtsordnung, die Menschenwürde und Freiheit garantiert, kann sich dann der humanistische Gehalt der Religion im gesellschaftlichen Diskurs entfalten.

Zwischen solch unterschiedlichen Standpunkten vollzieht sich der Gegenwartsdiskurs, aber ihnen scheint gemeinsam zu sein, dass es vor allem um die Modellierung einer eigenen Moderne geht, nicht mehr um die Abwehr oder bloße Übernahme einer von außen herangetragenen. Zunehmend diskutiert die arabisch-islamische Philosophie die Möglichkeiten der politischen Einlösung eines »pluralistischen« Islam, etwa als rechtsstaatliche Durchsetzung von Menschenrechten und demokratischen Institutionen. Nach dem 11. September 2001, dem anhaltenden israelisch-palästinensischen Konflikt und der Irak-Invasion der USA galt der unmittelbare Bezug auf »westliche« Vorbilder dabei als diskreditiert und der Diskurs drohte wiederum zurückzufallen in die unfruchtbare Gegeneinandersetzung von »westlicher Modernität« und »arabischer Authentizität«. Die »Arabische Revolution« von 2011 hat deutlich gemacht, wie sehr die arabischen Völker »ihre« Moderne nicht mehr nur im Zusammenhang mit technologischem und ökonomischen Fortschritt sehen, sondern diesen verbinden mit Selbstbestimmung und Menschenwürde. Für die gesellschaftliche Praxis mag nun gelten, was ein tunesischer Internetaktivist im Frühjahr 2011 formulierte: »Wir haben die Freiheit bekommen, aber wir kennen die Gebrauchsanweisung noch nicht.« Insofern ist nicht absehbar, wie sich der Demokratisierungsprozess in den arabisch-islamischen Ländern entwickeln wird. Gerade durch diese Herausforderungen gewinnen die philosophischen und politischen Diskurse neue Aktualität und Wichtigkeit. Der europäischen Wahrnehmung ist zu wünschen, die Philosophie der arabisch-islamischen Welt als Teil eines universalen Diskurses über Moderne zu begreifen und den Dialog aufzunehmen.

Glossar

Bait al-hikma »Haus der Weisheit«, wissenschaftliche Einrichtung, Bibliothek mit Akademiecharakter, gegründet um 830 vom Abbasidenkalifen al-Ma'mun; entwickelte sich zu einer bedeutenden Übersetzerschule.

Hadith »Bericht«, Sammlung von überlieferten Aussprüchen und Taten von Muhammad und seinen Weggefährten aus der Frühzeit des Islam. Es existieren mehrere anerkannte Hadithsammlungen, die als Quelle für die islamische Jurisprudenz (→ Rechtsschule) gelten und zusammen mit dem Koran die → Sunna ausmachen.

Idjtihad »Bemühung«, eigene Meinungsbildung im islamischen Recht zu einem Problem von Lebensführung oder Rechtspraxis mittels Analogieschluss (arab. *qiyas*). In den sunnitischen → Rechtsschulen wurde der Idjtihad immer mehr eingeschränkt, obwohl er nie ganz abbrach; im → schiitischen Islam wird er bis heute ausgeübt. In der aktuellen Debatte hat der Idjtihad heute wieder eine große Bedeutung als Versuch, den sunnitischen Islam für die Erfordernisse und Wandlungen der Moderne zu öffnen.

Ismailiten politisch-religiöse Richtung im → schiitischen Islam.

Kalam »Rede« oder »Sprache«, scholastische Theologie des Islam.

Koran »Vortrag« oder »Lesung«, heiliges Buch des Islam, bestehend aus 114 Abschnitten (Suren). Die Niederschrift erfolgte unter dem Kalifen Uthman um 653; die sich aus der arabischen Schrift ergebenden lexikalischen und grammatischen Mehrdeutigkeiten führte zu verschiedenen existierenden Lesarten, aber auch zu zwangsweiser Harmonisierung. Nach orthodoxem Islamverständnis enthält der Koran Gottes Wort und ist damit ungeschaffen und uninterpretierbar. Andere Richtungen (→ Mu'tazila) betonten die Möglichkeit der Exegese, wie sie auch in der Gegenwartsdebatte immer häufiger vertreten wird.

Madrasa Schule islamischer Wissenschaften, vor allem Rechtswissenschaft, oft einer Moschee angeschlossen.

Mu'tazila rationalistische theologische Richtung ab dem 8. Jahrhundert, vor allem innerhalb des sunnitischen Islam; wollte den Glauben rational begründen und bediente sich dabei erstmals auch griechischer Philosophie.

Rechtsschule arab. *Madhhab*, »Richtung«, Schule oder Ritus im islamischen Recht (→ Scharia), die eine bestimmte Lehrmeinung zu praktischen Fragen einnimmt, die nach eigenem Ermessen entschieden werden (→ Idjtihad). Mitte des 8. Jahrhunderts entstanden Rechtsschulen. Heute existieren noch vier große sunnitische Schulen und eine bedeutende schiitische; für die Gläubigen ist ein Wechsel zwischen den Rechtsschulen möglich.

Scharia »Weg zur Tränke«, im Koran der Weg zu spiritueller Vervollkommnung, später allgemein als *terminus technicus* die Pflichtenlehre und das religiös begründete Recht im Islam. Die Scharia stellt kein kodifiziertes Gesetzeswerk dar, sondern rechtliche Forderungen, die in den Rechtsschulen unterschiedlich konkretisiert wurden.

Schiiten Anhänger der Schi'a (»Partei Alis«), politisch-religiöse Richtung im Islam, die nur Muhammads Schwiegersohn Ali (ca. 600–661, 4. Kalif) und dessen Nachkommen als rechtmäßige Prophetennachfolger anerkennt. Ursprünglich hatte die Schi'a einen rein politischen Charakter, der sich aber durch Sonderlehren auch theologisch vom → sunnitischen Hauptstrom im Islam zu unterscheiden begann. Sie zerfällt heute in verschiedene Sekten und Gruppierungen.

Sufismus von Suf (»Wollgewand«), islamische Mystik unterschiedlichster Strömungen.

Sunna/Sunniten »Brauch«/»Leute der Sunna«, im Islam Bezeichnung für Muhammads Tun und Aussprüche, wie sie in → Koran und → Hadithen überliefert sind. Anhänger der Sunna lehnten die dynastischen Machtansprüche von Ali (→ Schiiten) ab und entwickelten sich zum Hauptstrom des Islam. Heute sind über 80 Prozent der Muslime Sunniten.

Turath »Erbe«, Bezeichnung für das kulturelle Erbe innerhalb des modernen arabisch-islamischen Denkens; zugleich Chiffre für eigenständige Modernekonzepte und eine jeweils kritische oder affirmative Analyse der eigenen Geschichte.

Ulama »Gelehrte«, Theologen und Rechtsgelehrte im Islam, als Amtsträger (Lehrer, Richter) von großem Einfluss auf das öffentliche Leben und die Politik der islamischen Länder.

Umma »Gemeinde«, die Gemeinschaft der Gläubigen im Islam.

Zeittafel

um 600

Politik ca. 570–632 Muhammad; 610 Muhammad tritt in Mekka als Prophet des Islam auf; 622 Auszug (Hidschra) Muhammads von Mekka nach Yathrib (Medina); Gründung des ersten islamischen Gemeinwesens und Kämpfe mit Mekka; 630 kampflose Eroberung Mekkas; 630–632 Unterwerfung der Stämme der Arabischen Halbinsel

Philosophie und Kultur christliche Medizinschulen in Djundischapur und Alexandria; philosophische Schule von Harran

650

Politik 632–661 Zeit der orthodoxen (»rechtgeleiteten«) Kalifen Abu Bakr, Umar, Uthman und Ali; Eroberung Syriens, Iraks, Ägyptens, Persiens und Teilen von Nordafrika; 657 Streit um Kalifat zwischen dem Umayyaden Mu'awiya und Ali; 661 Ermordung Alis

Philosophie und Kultur um 653 Kalif Uthman veranstaltet offizielle Redaktion des Korantextes; um 660 theologische »Sekten« der Charadjiten und Qadariten

700

Politik 661–750 Umayyaden-Dynastie in Damaskus; Spaltung der Glaubensgemeinschaft in Sunniten und Schiiten; Bürgerkriege; 711 Eroberung Spaniens; Kämpfe gegen die Araber in Südfrankreich; 732 Karl Martell schlägt einen arabischen Raubzug bei Tours und Poitiers zurück; zunehmende Auseinandersetzungen im Kalifat, Bürgerkrieg

Philosophie und Kultur ab 705 Bau der Umayyaden-Moschee in Damaskus

750

Politik 750–1258 Dynastie der Abbasiden; 756–1031 Fortbestehen der Umayyaden-Dynastie in Spanien (Kalifat von Corduba)

Philosophie und Kultur Entstehung der Mu'-tazila (spekulativ-rationale Theologie); 751 Papierherstellung in Samarkand; 762 Gründung Bagdads als neuer Kalifenresidenz; Zeitalter der Übersetzungen

800

Politik 786–809 Kalifat von Harun al-Raschid; 800 islamische Kaufleute in China; 801 Karl der Große empfängt eine Gesandtschaft Harun al-Raschids; 813–833 Kalifat von al-Ma'mun; 827 Eroberung Siziliens; 827 al-Ma'mun erklärt die Lehre der Mu'tazila für verbindlich

Philosophie und Kultur 775–868 al-Djahiz, Dichter und Mu'tazilit; 780–846 Mathematiker al-Chwarizmi; 800–873 al-Kindi, Philosoph; 808–873 Hunain ibn Ishaq, Arzt und Philologe; um 830 al-Ma'mun richtet das »Haus der Weisheit« (Übersetzerschule) ein

850

Politik um 855 Kalif Mutawakkil beendet die Vorherrschaft der mu'tazilitischen Lehre; antirationalistische Reaktion; allmählicher Zerfall des Großreiches; Entstehung unabhängiger Dynastien z.B. in Ägypten

Philosophie und Kultur 843–901 Thabit ibn Qurra, Astronom und Mathematiker; 865–925/32 Zakariyya ar-Razi, Philosoph und Arzt

900

Politik religiöse und politische Unruhen beschleunigen den Zerfall des Kalifats; Dynastien in Persien; 912–961 Kalifat von Abdarrahman III. von Corduba; Höhepunkt an Macht und Kultur

Philosophie und Kultur 870–950 al-Farabi, Philosoph; 922 Kreuzigung des Mystikers al-Halladj in Bagdad; 936 Tod des Theologen al-Ash'ari, Vertreter einer traditionalistischen Dogmatik

950

Politik 969 Fatimiden erobern Ägypten; ihre Dynastie wird Vormacht im östlichen Mittelmeer

Philosophie und Kultur 973–1048 al-Biruni, persischer Universalgelehrter; um 980 naturwissenschaftlich-philosophische Enzyklopädie der »Lauteren Brüder von Basra«; 980–1037 Ibn Sina (Avicenna), Philosoph und Arzt; 973–1058 al-Ma'arri, Dichter und Religionskritiker

1000–1100

Politik 1016 Seesieg Pisas und Genuas vertreibt die Araber aus dem Tyrrhenischen Meer; 1061–1091 Normannen

erobern Sizilien; 1077–1327 Rum-Seldschuken mit Sitz in Konja; 1096–1291 Kreuzzüge; Spanien zerfällt in zahlreiche Teilstaaten, Verschärfung der Reconquista

Philosophie und Kultur 1058–1111 al-Ghazali, Philosophiekritiker; 1082–1138 Ibn Badjdja, spanisch-arabischer Philosoph; 1086–1153 asch-Schahrastani, Theologe und Häresiograph

1100–1200

Politik 1171–1193 Herrschaft Saladins in Syrien und Ägypten; 1187 Rückeroberung Jerusalems; 1190 Friedrich I. Barbarossa ertrinkt während seines Kreuzzuges in Anatolien

Philosophie und Kultur 1110–1185 Ibn Tufayl, spanischarabischer Philosoph; 1126–1198 Ibn Ruschd (Averroes), spanisch-arabischer Philosoph; 1114–1187 Gerhard v. Cremona, Übersetzer aus dem Arabischen; 1149–1209 Fachr-ad-din ar-Razi, Enzyklopädist und Theologe; 1154–1191 as-Suhrawardi, Mystiker und Philosoph; 1165–1240 Ibn Arabi, Mystiker

1200–1300

Politik 1203–1227 Dschingis Khan begründet das mongolische Reich; 1215–1250 Kaisertum Friedrich II.; 1236

Eroberung von Corduba; 1248 Eroberung von Sevilla; 1230–1492 Emirat von Granada (letztes islamisches Reich in Spanien); 1492 Eroberung Granadas durch die katholischen Könige, endgültige Vertreibung der Araber aus Europa; 1258 Eroberung Bagdads durch die Mongolen; Ermordung des letzten Abbasidenkalifen; 1291 Akkon, der letzte europäische Stützpunkt in Palästina, wird von den Mamluken erobert; Ende der Kreuzzüge

Philosophie und Kultur 1201–1274 at-Tusi, Universalgelehrter und Philosoph der Schule Ibn Sinas; 1214–1291 Roger Bacon; 1225–1274 Thomas v. Aquin; ab 1238 Bau der Alhambra; 1240–1282 Siger v. Brabant; 1263–1328 Ibn Taimiyya, Hauptvertreter eines traditionalistisch-orthodoxen Islam

1300–1400

Politik 1300–1924 Osmanenreich; 1370–1400 Timurileng, Eroberung Westpersiens und Iraks

Philosophie und Kultur 1332–1406 Ibn Khaldun

1400–1500

Politik 1416 Sieg der Venezianer über die Osmanen in der Seeschlacht von Galipoli; 1451–1481 Mehmed II. setzt osmanische Herrschaft auf dem Balkan endgültig durch; 1453 Eroberung Konstantinopels durch die Osmanen

Philosophie und Kultur 1429 Mongolenfürst Ulug-Bek errichtet Observatorium in Samarkand; 1473–1543 Kopernicus

1500–1800

Politik 1502–1736 Safawidendynastie in Persien; 1529 erste türkische Belagerung Wiens schlägt fehl; 1543–1574 Ausdehnung der türkischen Herrschaft auf Nordafrika; 1567–1661 Beginn des Verfalls der türkischen Macht; 1571 Seeschlacht von Lepanto bricht die Vorherrschaft der türkischen Flotte; 1609–1614 Vertreibung der letzten Muslime aus Spanien; 1683 zweite Belagerung Wiens scheitert; Türken verlieren Ungarn und Teile Serbiens

Philosophie und Kultur 1540–1588 Sinan baut für die Osmanen Moscheen und Palastanlagen; 1572–1641 Mulla Sadra, persischer Philosoph; 1727 erste Druckerpresse in Türkei in Betrieb

1800–1900

Politik 1798–1801 Französische Invasion in Ägypten; 1821–1829 griechischer Unabhängigkeitskrieg; 1830 Franzosen besetzen Algier; Beginn des Kolonialzeitalters; lediglich das osmanische Reich (Türkei), das saudische Königreich und Iran bleiben souverän; ab 1850 Entstehung von Reform- und Unabhängigkeitsbewegungen

Philosophie und Kultur 1828 erste arabische Zeitung erscheint; 1839–1897 al-Afghani, afghanisch-persischer Denker; 1849–1905 Muhammad Abduh und 1865–1935 Raschid Rida, Hauptvertreter der Reformbewegung der Salafiyya; 1888–1966 Ali Abd ar-Raziq, Religionsgelehrter und säkularer Reformer

20. Jahrhundert und Gegenwart

Politik antikolonialistische Befreiungskriege; Entstehung der Nationalstaaten; politische und soziale Instabilität der meist diktatorischen Regime der Region; im Frühjahr 2011 erfasst fast alle arabischen Länder eine revolutionäre Demokratiebewegung

Philosophie und Kultur Reformbewegungen mit breit angelegtem Modernediskurs; Aufkommen islamisch-fundamentalistischer Bewegungen

Literatur

1. Einführungen zum Islam und Lexika

Abu Zaid, Nasr Hamid (mit Hilal Sezgin 2008), *Muhammad und die Zeichen Gottes*, Freiburg

Arkoun, Mohammed (1999), *Der Islam*, Heidelberg

Barthel, Günter/Stock, Kristina (1994), *Lexikon Arabische Welt*, Darmstadt

Bobzin, Hartmut (2007), *Der Koran – Eine Einführung*, München

Cahen, Claude (1991), *Der Islam I* (Fischer Weltgeschichte Bd. 14), Frankfurt/Main

Companion Encyclopedia of Asian Philosophy (1997), ed. by B. Carr and I. Mahalingam, London

(EI) The Encyclopaedia of Islam, New Edition 1954–2002, Leiden

Endreß, Gerhard (1991), *Der Islam. Eine Einführung in seine Geschichte*, München

(HI) Handwörterbuch des Islam (1976), hg. v. A. J. Wensinck u. J. H. Krämer, Leiden

Hourani, Albert (1991), *Die Geschichte der arabischen Völker*, Frankfurt/M.

Kettermann, Günter (2001), *Atlas zur Geschichte des Islam*, Darmstadt

Krämer, Gudrun (2008), *Geschichte des Islam*, München

Lexikon des Mittelalters (2002), 9 Bde., München

Lüders, Michael (2011), *Allahs langer Schatten*, Freiburg

Robinson, Francis (Hg.) (1997), *Islamische Welt (Cambridge Illustrated History)*, Frankfurt/M.

Ruthven, Malise/Jendis, Matthias (2010), *Der Islam. Eine kurze Einführung*, Stuttgart

Schulze, Reinhard (1994), *Geschichte der islamischen Welt im 20. Jahrhundert*, München

Thoraval, Yves (1999), *Lexikon der islamischen Kultur*, Darmstadt

Watt, Montgomery W./Marmura, Michael (1985), *Der Islam*, Bd. 2 (Religionen der Menschheit Bd. 25,2), Stuttgart

2.   Klassische arabisch-islamische Philosophie

[Anonymus] (2003), *Liber de causis/Das Buch von den Ursachen*, übers. v. Andreas Schönfeld, Hamburg

Averroes. s. Ibn Ruschd

Avicenna, s. Ibn Sina

al-Biruni (1991), *In den Gärten der Wissenschaft. Ausgewählte Texte*, übers. u. erläutert v. G. Strohmaier, Leipzig

al-Farabi (1892), *Al-Farabis philosophische Abhandlungen aus dem Arabischen*, übers. v. Fr. Dieterici, Leiden

– (1906), *Buch der Ringsteine*, übers. u. erläutert v. Max Horten, Münster

– (1985), *Der Musterstaat (al-madina al-fadila)*, übers. v. Fr. Dieterici, Nachdruck der Ausgabe Leiden 1895, Hildesheim u. a. 1985

– (1993), *al-siyasa al-madaniyya* (arab.), hg. von Fauzi M. Najjar, Beirut

– (2005), *Über die Wissenschaften/De scientiis* (lat.-dt.), hg. u. Übers. v. Franz Schupp, Hamburg

– (2006), *Über die Wissenschaften/De scientiis secundum versionem Domici Gundisalvi* (lat.-dt.), hg. u. Übers. v. Hans Josef Schneider, Freiburg

– (2009), *Die Prinzipien der Ansichten der Bewohner der vortrefflichen Stadt (al-madina al-fadila)*, übers. u. hg. von Cleophea Ferrari, Stuttgart

al-Ghazali, Abu Hamid Muhammad (1938), *Untersuchung über die Unterscheidung von Islam und Ketzerei*, übers. v. Hans-Joachim Runge, Kiel

– (1988), *Der Erretter aus dem Irrtum*, übers. v. Abd-Elhamid Elchazli, Hamburg

– (2002), *Die Nische der Lichter*, übers. v. Abd-Elhamid Elchazli, Hamburg

– (2006), *Das Kriterium des Handelns*, übers. v. Abd-Elhamid Elchazli, Darmstadt

Ibn Badjdjah (1991), *Rasa'il (Opera Metaphysica)* (arab.), hg. von Majid Fakhry, Beirut

Ibn Khaldun (1992), *Buch der Beispiele. Die Einführung – al-Muqaddima*, übers. und mit Anmerkungen v. Mathias Pätzold, Leipzig

Ibn Ruschd (1912), *Die Metaphysik des Averroes (Commentarius in Aristotelis Metaphysica)*, übers. v. Max Horten, Halle

– (1913), *Die Hauptlehren des Averroes (Tahafut at-Tahafut)*, übers. v. Max Horten, Bonn

– (1970), *Die Epitome der Metaphysik des Averroes*, Hg. v. Simon van den Bergh, Leiden

– (1982), *Falsafat Ibn Ruschd* (arab.), Beirut

– (1987), *Tahafut at-Tahafut* (arab.), hg. von Maurice Bouyges, Beirut

– (1987), *Tahafut Al-Tahafut* (engl.), trans. by Simon van den Bergh, Cambridge

– (1991), *Philosophie und Theologie von Averroes (fasl al-maqal; al-kashf)*, übers. v. Marcus Joseph Müller, Weinheim

- (1996), *Kommentar des Averroes zu Platons Politeia*, übers. v. Simon Lauer, kom. v. E. I. Jacob Rosenthal, Zürich
- (2005), *Mittlerer Kommentar zu Aristoteles' De Generatione et Corruptione*, hg. u. komm. von Heidrun Eichner, Paderborn
- (2008), *Über den Intellekt. Auszüge aus seinen drei Kommentaren zu Aristoteles' De anima* (arab./lat./dt.), Hg., übers. u. komm. v. David Wirmer, Freiburg
- (2009), *Die entscheidende Abhandlung (fasl al-maqal; al-kashf)*, übers. u. komm. von Franz Schupp, Hamburg
- (2010), *Die entscheidende Abhandlung/Die Untersuchung über die Methoden der Beweise (fasl al-maqal; al-kashf)*, übers. u. hg. v. Patric O. Schaerer, Stuttgart

Ibn Sina (1960), *Das Buch der Genesung der Seele*, Frankfurt/M.

Ibn Tufayl (1987), *Der Ur-Robinson (Hayy ibn Yaqzan)*, hg. v. Otto F. Best, München
- (2009), *Der Philosoph als Autodidakt*, hg. u. übers. v. Patric O. Schaerer, Hamburg

Ihwan as-Safa' [Lautere Brüder] (1990), *Mensch und Tier vor dem König der Dschinnen*, Hamburg

Qusta ibn Luqa (1968), *Placita Philosophorum (kitab flutarchus)*, (arab./dt.), übers. u. kom. v. Hans Daiber, Diss. Saarbrücken

ar-Razi, Zakariyya (1982) *Opera Philosophica/Rasa'il Falsafiyya* (arab.), hg. von Dar Al-Aflaq al-Djadidah, Beirut

al-Kindi (1950), »Rasa'il al-Kindi al-Falsafiyya«, hg. von A. A. Abu Rida, Kairo
- *Die erste Philosophie* (arab./dt.), erscheint April 2011, Freiburg

Asch-Schahrastani, Abu-l-fath Muhammad (1969), *Religionsparteien und Philosophenschulen, in zwei Teilen*, übers. v. Theodor Haarbrücker, Hildesheim

as-Suhrawardi (1991), *Kitab al-Lamahat* (arab.), hg. von Emile Maalouf, Beirut

Am »Institut für Geschichte der arabisch-islamischen Wissenschaften« der Goethe-Universität Frankfurt hat Fuat Szegin in den letzten 20 Jahren alle älteren Übersetzungen arabisch-islamischer Philosophen und Wissenschaftler zusammen getragen und neu herausgegeben. Diese umfangreiche Textsammlung enthält auch zahlreiche Veröffentlichungen der Sekundärliteratur.

3. Arabisch-islamische Philosophie der Moderne

Adonis (Ali Ahmad Said) (1990), *An Introduction to Arab Poetics*, Austin

Ahmad, Akbar S. (1994), *Islam, Globalisation and Postmodernity*, London

Abu Zaid, Nasr Hamid (1996), *Islam und Politik. Kritik des religiösen Diskurses*, Frankfurt/M.

- (1999) *Ein Leben mit dem Islam,* Freiburg
al-Afghani, Djamal da-Din (1968), »Refutation of the Materialists« (und andere Schriften), in: Keddi, Nikki, *An Islamic Response to Imperialism,* Berkeley
Allam, Fuad (2004), *Der Islam in einer globalen Welt,* Berlin
al-Azm, Sadiq Djalal (1993), *Unbehagen in der Moderne,* Frankfurt/Main
- (2005), *Islam und säkularer Humanismus,* Tübingen
Al-Azmeh, Aziz (1981), *Ibn Khaldun,* London
- (1996), *Die Islamisierung des Islam,* Frankfurt/M.
al-Djabri, Muhammad Abid (1999), *Arabic-Islamic Philosophy. A Contemporary Critique,* Austin
- (2009), *Kritik der arabischen Vernunft. Eine Einführung,* Berlin
Hanafi, Hasan (1995), *Islam in the Modern World,* 2 Bde., Kairo
Heller, Erdmute/Mosbahi, Hassouna (Hg.) (1998), *Islam – Demokratie – Moderne. Aktuelle Antworten arabischer Denker,* München
Iqbal, Muhammad (1968), *The Reconstruction of Religious Thought in Islam,* Lahore
Irabi, Abdulkader (1996), *Die blockierte Gesellschaft. Die arabische Gesellschaft zwischen Tradition und Moderne,* Stuttgart
Meddeb, Abdelwahab (2002), *Die Krankheit des Islam,* Heidelberg
Meier, Andreas (Hg.) (1994), *Der politische Auftrag des Islam,* Wuppertal
Mernissi, Fatima (1992), *Die Angst vor der Moderne,* Hamburg
An-Na'im, Abdullahi Ahmed (1990), *Towards an Islamic Reformation,* New York
- (2009), *Islam and the Secular State,* Harvard
- (2010), *Islam and Human Rights,* Farnham
Qadir, C.A. (1988), *Philosophy and Science in the Islamic World,* London/New York
Said, Edward W. (1981), *Covering Islam,* London
Soroush, Abdolkarim (2000), *Reason, Freedom and Democracy in Islam,* Oxford
Taha, Mahmoud Muhammad (1987), *The Second Message of Islam,* New York

4.   Europäische Philosophie, Sammelbände und Sekundärliteratur

Amipur, Katajun/Ammann, Ludwig (Hg.) (2006), *Der Islam am Wendepunkt. Liberale und konservative Reformer einer Weltreligion,* Freiburg
Aristoteles (1972), Die Nikomachische Ethik, übers. u. hg. v. Olaf Gigon, München
- (1983), *Von der Seele,* übers. u. hg. v. Olaf Gigon, München

Bauer, Thomas (2010), *Musterschüler und Zauberlehrling. Wieviel Westen steckt im modernen Islam?* (Festrede zum 31. Deutschen Orientalistentag), Philipps-Universität Marburg

Belting, Hans (2008), *Florenz und Bagdad,* München

Bloch, Ernst (1972), *Das Materialismusproblem, seine Geschichte und Substanz* (nebst dem Anhang »Avicenna und die aristotelische Linke«), Frankfurt/M.

Brandenburg, Dietrich (1992), *Die Ärzte des Propheten,* Berlin

Butterworth, Charles E. (1993), »Die politischen Lehren von Avicenna und Averroes«, in: I. Fetscher (Hg.), *Pipers Handbuch der politischen Ideen,* Bd. 2, München 1993, S. 87–140

–   (2001), *Alfarabi. The Political Writings, ›Selected Aphorisms‹ and other Texts,* London

Campagna, Norbert (2010), *Alfarabi – Denker zwischen Orient und Okzident. Eine Einführung in seine politische Philosophie,* Berlin

Copleston, F.C. (1976), *Geschichte der Philosophie im Mittelalter,* München

Corbin, Henry (1988), *Avicenna and the Visionary Recital,* Princeton

Dante Alighieri (1989), *Monarchia* [1313], Stuttgart

Davidson, Herbert A. (1987), *Alfarabi, Avicenna and Averroes, on Intellekt,* Oxford

De Boer, T. J. (1901), *Geschichte der Philosophie im Islam,* Stuttgart

Endreß, Gerhard (1987), »Wissen und Gesellschaft in der islamischen Philosophie des Mittelalters«, in: H. Stachowiak (Hg.), *Pragmatik – Handbuch pragmatischen Denkens,* Bd. 1, Hamburg 1987, S. 219–245

–   (1990), »Der arabische Aristoteles und die Einheit der Wissenschaften im Islam«, in: H. Balmer/B. Glaus (Hg.), *Die Blütezeit der arabischen Wissenschaften,* Zürich, S. 3–38

–   (1991), *Der Islam. Eine Einführung in seine Geschichte,* München

–   (1999) (Hg.), *Averroes and the Aristotelian Tradition,* Leiden

Fakhry, Majid (1983), *A History of Islamic Philosophy,* NewYork

–   (2001), *Averroes – His Life, Works and Influence,* Oxford

–   (2002), *Alfarabi. Founder of Islamic Neoplatonism,* Oxford

Fidora, Alexander/Andreas Niederberger, *Von Bagdad nach Toledo. Das »Buch von den Ursachen« und seine Rezeption im Mittelalter,* Mainz

Flasch, Kurt (1986), *Das philosophische Denken im Mittelalter,* Stuttgart

–   (2008), *Kampfplätze der Philosophie,* Frankfurt/M.

Flasch, Kurt/Jeck, U. R. (Hg.) (1997), *Das Licht der Vernunft. Die Anfänge der Aufklärung im Mittelalter,* München

Fleischhammer, Manfred (Hg.) (1991), *Altarabische Prosa,* Leipzig

Gaebel, Michael (1996), *Von der Kritik des arabischen Denkens zum panarabischen Aufbruch. Das philosophische und politische Denken Muhammad Abid al-Djabiris,* Berlin

Goodman, L. A. (1992), *Avicenna,* London

Gutas, D. (1988), *Avicenna and the Aristotelian Tradition,* Leiden

Hagemann, Ludwig (1999), *Christentum contra Islam,* Darmstadt

Hendrich, Geert (2003), »Der ›homo islamicus‹ und die säkulare Moderne«, in: Detlef Sack/Gerd Steffens (Hg.), *Gewalt statt Anerkennung,* Frankfurt/M.

– (2004), *Islam und Aufklärung – Der Modernediskurs in der arabischen Philosophie,* Darmstadt

Herder, Johann Gottfried (1989), *Ideen zur Philosophie der Geschichte der Menschheit* [1784/91], Frankfurt/M.

Hildebrandt, Thomas (1998), *Emanzipation oder Isolation vom westlichen Lehrer? Die Debatte um Hasan Hanafi,* Berlin

Horten, Max (1910), *Die philosophischen Ansichten von Razi und Tusi* (aus den Originalquellen übersetzt), Bonn

– (1912), *Mystische Texte aus dem Islam,* Bonn

– (1967), *Die spekulative und positive Philosophie des Islam,* Hildesheim

Hoffmann, Gerhard (Hg.) (1994), *Die Blütezeit der islamischen Welt,* München

Hourani, Albert (1981), *Arabic Thought in the Liberal Age 1798–1939,* Cambridge

Jockel, Rudolf (1981), *Islamische Geisteswelt. Ausgewählte Texte von Muhammad bis zur Gegenwart,* Wiesbaden

Kant, Immanuel (1968), *Prolegomena zu einer jeden künftigen Metaphysik* [1783], *Werke,* Bd. IV, Berlin

– (1968), *Idee zu einer allgemeinen Geschichte in weltbürgerlicher Absicht* [1784], *Werke,* Bd. VIII, Berlin

– (1968), *Anthropologie in pragmatischer Hinsicht* [1798], Werke, Bd. VII, Berlin

Kügelgen, Anke von (1994), *Averroes und die arabische Moderne,* Leiden

Leaman, Oliver (1985), *An Introduction to Mediaval Islamic Philosophy,* Cambridge

– (1988), *Averroes and his Philosophy,* Oxford

Lindberg, D.C. (1987), *Auge und Licht im Mittelalter. Die Entwicklung der Optik von Alkindi bis Kepler,* Frankfurt/M.

Lewis, Bernard (1982), *Das Islam von den Anfängen bis zur Eroberung Konstantinopels, unter Zugrundelegung der Originale,* 2 Bde., Zürich

Lüders, Michael (Hg.) (1992), *Der Islam im Aufbruch? Perspektiven der arabischen Welt,* München

Netton, Ian Richard (1992), *Al-Farabi and his School,* London

Opelt, Ilona (1970), *Griechische Philosophie bei den Arabern,* München

Pazarkaya, Yüksel (1989), *Rosen im Frost,* Zürich

Pellat, Charles (1967), *Arabische Geisteswelt. Dargestellt auf Grund der Schriften von al-Djahiz* (Bibliothek des Morgenlandes), Zürich

Pines, Salomon (1936), *Beiträge zur islamischen Atomenlehre,* Berlin

Rebstock, Ulrich (1992), *Rechnen im islamischen Orient,* Darmstadt

Rosenthal, Franz (1965), *Das Fortleben der Antike im Islam* (Bibliothek des Morgenlandes), Zürich

Rudolph, Ulrich (2004), *Islamische Philosophie*, München

Schacht, Joseph/Bosworth, C.E. (Hg.) (1983), *Das Vermächtnis des Islam*, 2 Bde., München

Scheffold, Margot (1996), *Authentisch arabisch und dennoch modern? Zaki Nadjib Mahmuds kulturtheoretische Essayistik als Beitrag zum euro-arabischen Dialog*, Berlin

Schnädelbach, Herbert (2000), *Philosophie in der modernen Kultur*, Frankfurt/M.

Speer, Andreas/Wegener, Lydia (Hg.) (2006), *Wissen über Grenzen – Arabisches Wissen und lateinisches Mittelalter* (Miscellanea Mediaevalia Bd. 33), Berlin

Strohmaier, Gotthard (1979), *Denker im Reich der Kalifen*, Leipzig

– (1999), *Avicenna*, München

Stroumsa, Sarah (1999), *Freethinkers of Medieval Islam*, Leiden

Tibi, Bassam (1991), *Die Krise des modernen Islam*, Frankfurt/M.

– (1993), »Politisches Denken im klassischen und mittelalterlichen Islam zwischen Religio-Jurisprudenz (Fiqh) und hellenisierter Philosophie (Falsafa)«, in: I. Fetscher (Hg.), *Pipers Handbuch der politischen Ideen*, Bd. 2, München, S. 87–140

Urvoy, Dominique (1991), *Ibn Ruschd (Averroes)*, London

Vernet, Juan (1984), *Die spanisch-arabische Kultur in Orient und Okzident*, Zürich

Walzer, Richard (1962), *Greek into Arabic. Essays on Islamic Philosophy*, Oxford

Watt, MontgomeryW. (1988), *Der Einfluß des Islam auf das europäische Mittelalter*, Berlin

– (1998), *Islamic Political Thought*, Edinburgh

– (2002), *Kurze Geschichte des Islam*, Berlin

Weber, Max (1922), *Wirtschaft und Gesellschaft*, Tübingen

Wilderotter, Hans (1989), »Der hat den großen Kommentar gemacht« – Aristoteles, Averroes und der Weg der arabischen Philosophie nach Europa«, in: G. Sievernich/H. Budde, *Europa und der Orient*, München

Wolfson, Harry Austryn (1976), *The Philosophy of the Kalam*, London

Wünsch, Renate (1991), *Avicennas Bearbeitung der aristotelischen Rhetorik*, Berlin

Zanner, Markus (2002), *Konstruktionsmerkmale der Averroes-Rezeption*, Frankfurt/M.

Personenregister

Campus Studium

Martin Hartmann
Gefühle
Wie die Wissenschaften
sie erklären
2010, 2. aktualisierte Auflage
168 Seiten
ISBN 978-3-593-39285-1

Michael Hartmann
Elitesoziologie
Eine Einführung
2008, 2. aktualisierte Auflage
205 Seiten, ISBN 978-3-593-37439-0

Heiner Minssen
Arbeits- und Industriesoziologie
Eine Einführung
2006, 262 Seiten, ISBN 978-3-593-38192-3

Johannes Huinink, Dirk Konietzka
Familiensoziologie
Eine Einführung
2007, 246 Seiten, ISBN 978-3-593-38368-2

Mehr Informationen unter
www.campus.de/wissenschaft

Frankfurt · New York

Campus Studium

Henning Hahn
Globale Gerechtigkeit
Eine philosophische Einführung
2009, 213 Seiten, ISBN 978-3-593-39024-6

Gregor Fitzi
Max Weber
2008, 188 Seiten, ISBN 978-3-593-38124-4

Michael Corsten
Karl Mannheims Kultursoziologie
Eine Einführung
2010, 222 Seiten, ISBN 978-3-593-39156-4

Jürgen Hartmann
Das politische System der Europäischen Union
Eine Einführung
2009, 221 Seiten, ISBN 978-3-593-39025-3

Karin Priester
Populismus
Historische und aktuelle Erscheinungsformen
2007, 228 Seiten, ISBN 978-3-593-38342-2

Frank Adloff
Zivilgesellschaft
Theorie und politische Praxis
2005, 170 Seiten, ISBN 978-3-593-37398-0

Mehr Informationen unter
www.campus.de/wissenschaft